U0575674

我国对东南亚地区投资的国家风险传染机理研究——以越菲马印四国为例

朱　念◎著

中国商务出版社
CHINA COMMERCE AND TRADE PRESS

图书在版编目（CIP）数据

我国对东南亚地区投资的国家风险传染机理研究：
以越菲马印四国为例 / 朱念著 . -- 北京：中国商务出
版社，2021.12（2023.3重印）
　　ISBN 978-7-5103-4004-8

　　Ⅰ . ①我… Ⅱ . ①朱… Ⅲ . ①海外投资—投资风险—
研究—中国 Ⅳ . ① F832.6

中国版本图书馆 CIP 数据核字（2021）第 198230 号

我国对东南亚地区投资的国家风险传染机理研究
——以越菲马印四国为例
WOGUO DUI DONGNANYA DIQU TOUZI DE GUOJIA FENGXIAN CHUANRAN JILI YANJIU
——YI YUE FEI MA YIN SIGUO WEILI

朱　念◎著

出版发行：中国商务出版社
地　　址：北京市东城区安定门外大街东后巷 28 号　　邮　　编：100710
网　　址：http://www.cctpress.com
电　　话：010-64212247（总编室）　 64269744（事业部）
　　　　　 64208388（发行部）　　　 64266119（零售）
邮　　箱：bjys@cctpress.com
印　　刷：河北赛文印刷有限公司
开　　本：700 毫米 ×1000 毫米 1/16
印　　张：14.25
字　　数：239 千字
版　　次：2021 年 12 月第 1 版
印　　次：2023 年 3 月第 2 次印刷
书　　号：ISBN 978-7-5103-4004-8
定　　价：68.00 元

　　对外投资国家风险是指在国际投资活动中由于东道国的主权行为所引起的造成损失的可能性。一定时期内，对外投资国家风险存在于东道国的投资环境中，是客观存在但事先难以确定的，可能导致对外投资经济损失。

　　随着中国与东盟自贸区的建成，我国对东南亚地区的投资进程明显加速，政府对企业海外投资的政策明显改善，促进措施大幅度增多，对外投资指导与保障不断加强，我国企业在海外遭遇的国家风险事件呈减少趋势。但是，在东南亚一些国家和地区，针对中国企业的对外投资国家风险依然存在；近年来，我国企业海外投资频繁、密集地遭遇国家风险而导致投资失败，其中，在越南、菲律宾、马来西亚、印度尼西亚四国（以下简称"南海四国"）发生的针对我国资本的国家风险，无论从频率还是密度上尤为突出。针对我国企业的国家风险事件在不同国家间呈现扩散的趋势，存在国家风险传染的倾向。无论是以"南海争端"为导火索的 2014 年越南针对中国企业的打砸抢事件，还是马来西亚暂停"西岸高铁建设项目"事件，针对中国企业的投资风险事件在南海四国或其周边国家密集爆发。企业遭遇的国家风险，不仅对企业造成重大损失，还对国家利益与战略产生重大影响。因此，政府与企业应迅速采取应对措施，防范他国的"效仿行为"。

　　与此同时，国家发展和改革委员会相关报告显示，我国对南海四国投资亏损超三成，相关投资也面临部分国家的猜疑。国家间的政治、经济、社会联系使得这些国家之间具备了风险的关联性，对外投资国家风险传染因素通过各种途径传染，最终可能形成区域范围的国家风险，从而导致对外投资国家风险事件频发,造成极大的破坏,本书称之为"对外投资国家风险传染"。2019年1月21日,习近平总书记在省部级主要领导干部专题研讨班上提出:"全球动荡源和风险点增多,我国外部环境复杂严峻,有效防范各类风险连锁联动。"

从近些年实际情况来看,南海四国一旦其中一国发生针对中国企业或资本的国家风险,短期内其他三国大概率会发生不同程度地针对中国企业或资本的国家风险事件。这些看似偶然、零星、无关联的国家风险事件,其往往通过一定的路径产生传染效应,扩散到其他国家,从而发生国家风险连锁联动。

传染的理论,与传染病学、流行病学、诊断学等生物医学类学科密切相关。随着交叉学科的兴起,传染病学被运用到了金融学、传播学等领域,奠定了传染病学跨学科运用的理论基础。

本书聚焦对外投资国家风险传染,尝试探索研究各种对外投资国家风险传染因素在东道国内外的发生、发展、传播、诊断、应对和预防规律。20世纪以来,传染病学的跨学科运用、传播学、社会网络模型的兴起与应用,推动了各学科的发展。

如未能有效采取风险传染防控措施,"走出去"的企业将面临严峻挑战,可能带来巨大的经济损失,甚至损害国家利益。因此,研究我国对东南亚地区投资,特别是对南海四国投资的国家风险传染现象及其背后的机理,并制定相应防控措施,是确保我国有效防控对南海四国投资国家风险传染、维护国家对外投资安全以及促进世界经济快速发展的重要途径。

本书基于动态视阈,依据国际投资、风险管理等相关理论,结合传染病学领域的传染病模型,分析我国对南海四国投资国家风险传染的现状,探索其传染的机理,提出防控的对策建议。这符合党的十八大报告提出的"坚定维护国家利益和我国公民、法人在海外合法权益"与政府工作报告提出的"要注重风险防范,提高海外权益保障能力,让中国企业走得出、走得稳"的要求,具有重要的理论与应用价值。

朱念

2021年11月

目 录

第3章
理论基础

第 8 章
中国企业对南海四国投资国家风险传染防控的对策建议

第9章
总结与展望

第 1 章

绪 论

1.1 研究背景及意义

东南亚地区包括越南、老挝、柬埔寨、泰国、缅甸、马来西亚、新加坡、印度尼西亚、文莱、菲律宾、东帝汶 11 个国家。其中,除了东帝汶之外,其他为东盟十国。本书重点围绕东南亚地区中的东盟十国,特别是以越南、菲律宾、马来西亚和印度尼西亚南海四国为例开展研究。

1.1.1 研究背景

近年来,随着中国与东盟自由贸易区的建成和"一带一路"倡议的不断推进,我国对东南亚地区投资逐年增多,特别是在对越南、菲律宾、马来西亚和印度尼西亚南海四国投资中,遭遇的国家风险事件频发。2019 年,习近平总书记在省部级专题研讨班上,就防范化解经济、社会、外部环境等领域重大风险做出深刻分析,提出了明确要求,并强调要"有效防范各类风险连锁联动"。因此,对外投资国家风险传染的防治研究仍需加强。对外投资国家风险传染是当前国际经济形势下我国对外投资国家风险需要关注的重要领域,是当前我国参与国际经济发展的重要需求。

我国对南海四国投资面临的风险主要有经营风险、市场风险与国家风险三类风险。本书将重点探究国家风险的传染。近年来,频发的对外投资国家风险事件呈现出和传染病传染类似的"有病原体""传染性""流行性"与"免疫性"等特征。医学界对传染病的防治有丰富的经验。借鉴传染病学的相关理论与措施,有利于对海外投资国家风险传染进行防治。那么,对外投资国家风险事件频发与对外投资国家风险传染的逻辑关系是什么?对外投资国家风险传染机理是什么?如何有效防控对外投资国家风险的传染?这是摆在我们面前亟待解决的问题。

1.1.2 研究意义

从理论价值来看,一是基于"动态""有溢出效应""国家之间存在结盟"假设,对国家风险跨国传染进行研究,改变以往"静态""无溢出效应""国家之间不结盟"假设下的研究，将丰富和发展对外投资风险管理中的理论假设；二是结合传染病学相关理论，研究对南海四国投资的国家风险的跨国传染，将丰富和发展传染病学在海外投资国家风险传染方面的跨学科运用。

从应用价值来看，一是为对南海四国投资企业防范与应对国家风险传染提供方法与支持，二是为政府构建与优化海外投资保护制度提供新思路与决策参考，三是为我国参与并逐步主导国际投资规则的制定提供参考建议。

1.2 研究方法

本书采用的研究方法主要包括以下三种：

1.2.1 文献研究法

在梳理前人在国际投资、投资风险、国家风险以及风险传染（含传播、溢出、传导等）等文献的基础上，重点收集国内外有关对外投资国家风险、投资（经济）领域的风险传染和风险传染机理等相关文献与研究成果，从而界定相关概念与内涵，确定研究思路。

1.2.2 逻辑演绎方法

在对外投资国家风险事件频发的现实背景下，通过逻辑演绎方法，尝试构建对外投资国家风险传染的理论分析框架，在此基础上，探讨传染病模型在对南海四国投资国家风险传染机理研究中的应用，形成规范分析的模型，揭示对南海四国投资国家风险事件频发与国家风险传染的内在逻辑。

1.2.3 实证研究法

在我国对南海四国投资国家风险传染机理的分析中，运用 SEIRS 传染病模型，进行仿真分析，并予以验证，从而揭示我国对南海四国投资的国家风险传染机理。实证分析，可为对外投资国家风险传染机理以及国家风险传染防控的研究夯实基础。

1.3 研究思路

首先，本书结合多学科文献参考与理论分析框架的研究思路，通过调研和逻辑演绎法，构建"国家风险传染问题"与"我国对南海四国投资国家风险事件频发的现状"这两者之间的逻辑关系，再对国家风险传染的相关概念进行逐一分析。其次，本书对国家风险传染问题的来源进行探寻，分析我国对南海四国投资国家风险传染的现状，并探讨中国对南海四国投资国家风险传染的理论分析框架，从而揭示传染机理。再次，本书通过构建 SEIRS 传染病模型，对中国对南海四国投资国家风险传染机理进行实证。最后，本书借鉴医学领域的传染病防控思路与方法，提出我国对南海四国投资国家风险传染防控的对策与建议。

1.4 创新之处

将我国对南海四国投资国家风险事件频发现象，以动态视阈，基于传染病学理论，用对外投资国家风险传染来解释中国对东盟投资国家风险事件频发现象，是本书可能区别于以往研究的特色之处。

在学术思想上，用"对外投资国家风险传染"解释"对外投资国家风险事件频发"，认为对南海四国投资国家风险防范应由"静态"向"动态"转变。

在学术观点上，从"风险传染"的视角，本书提出了对南海四国投资国家风险具有传染性、流行性，对外投资国家风险传染防控是纾解对外投资国家风险事件的重要路径。

在研究方法上，除使用逻辑演绎法和文献研究法之外，还将传染病模型运用到对外投资国家风险传染研究上，将经济学、管理学、传染病学等理论相结合，解释对外投资国家风险传染机理。

第2章

文献综述

随着全球经济一体化进程的不断加深，中国在全球格局中的地位逐渐提升，中国企业与资本走出去已成常态，中国对外投资遭遇国家风险也日益频繁。近年来，中国对外投资增长迅速，成为"资本净输出国"。这些国家在经济发展程度、政治体制、文化历史、宗教状况方面千差万别，这意味着中国在对外投资安全方面面临很大的挑战。相关投资安全报告数据显示，中国对"一带一路"相关国家基础类建设中约 50% 位于风险警戒区，如在越南、菲律宾、马来西亚、印度尼西亚等国的相关项目均面临较大国家风险。因此，我国对南海四国投资的国家风险成为当前关注的重要议题。看似偶然的国家风险事件，其往往通过一定的机理传染到其他国家。早在 17 世纪，经济系统出现的风险连锁反应就被认为是类似传染病的扩散现象，并用传染一词描述投资市场的现象。近年来，人们对传染病的理解和应对策略逐渐影响了经济学家对于投资风险的思考。

2.1 对外投资国家风险

2.1.1 国家风险的界定

对国家风险内涵的界定主要基于两个视角：一是 Nagy（1978）与 Goldberg 和 Johnson 等（1990）从国家债务风险角度定义国家风险，李建军等（2012）以主权信用评级变动和主权债务危机为主线，讨论了主权信用评级和国家风险的关系；王伟等（2018）结合 2001—2013 年 58 个母国对 86 个东道国双边债券类 FPI 投资头寸数据，实证检验国家风险因素对双边债券类 FPI 的重要影响。二是 Kolstad 和 Wiig（2012）从跨国投资的角度定义国家风险，从政治、经济、金融、文化等方面对国家风险内涵进行了研究（Duncan，2004；Yothin，2007；孙晓蕾等，2014，2015；姚晓阳等，2015；周伟等，2017；陈菁泉等，2020）。国家风险内涵被普遍界定为一个包含国家主权、政府行为、社会经济文化变化及不可抗力等要素的风险集合。因为针对的是不同国家的政治经济活动，需要分析和评价的国家风险也有差异，并且影响国家风险的因素在不断变化，所以，迄今为止，尚未形成学术界较为统一的概念（李福胜，2006）。

2.1.2 国家风险的评估与预警指标的借鉴

国内外学者主要应用定性与定量分析方法对国家风险进行评价与预警。20 世纪 70 年代，国外学者开始构建国家间投资风险评价体系，并通过定量方法进行了分析与预警。Robock（1971）首先采用计量模型来衡量一国的政治风险。Dan、Gerald 和 Rober（1975）设置了 15 个具体指标，提出政治制度稳定指数。在经典模型的基础上，Claude（1996）、Keith D. Brouthers（2002）、Calhoun（2003）、Yothin（2009）、Rodolphe（2010）、Hammer, etc.（2011）采用不同指标对东道国的投资风险进行了量化评估。20 世纪 80 年代开始，学者们将对外投资风险指标体系与预警结合起来研究（Mancuso 和 Anthony J.，2010）。学者们采用不同的方法，对不同的研究对象提出了相应的对外投资风险评价指标体系（陈菲琼，2015；王稳等，2017；杨淑霞等，2017；穆献中，2017）。我国学者对海外投资风险预警指数、预警体系等进行了研究（张友棠，2013；李一文，2015；李冰，2016；沈华等，2017），对华关系、战争、国有化、政党更迭、负面舆论等因素开展了实证分析（林芳竹等，2014；米家龙，2015；卢光盛，2016；杜奇睿，2017）。国内学者采用的研究方法主要有层次分析法（宋科余，2013；王珍等，2014；蒋伟娜等，2015；刘莎等，2016）和因子分析法（潘素昆和代丽，2014；施淑蓉和李建军，2015；张静中等，2016）。部分国内学者从国家风险的范畴（姚凯和张萍，2012；李晓莉，2017）、国家风险的主要因素（Cantor 和 Packer，1996；张金水和连秀花，2003；宣国良，杨建一，1997）进行了研究。近年来，许多国内学者也在定性研究的基础上不断创新，将其他学科的理论方法引入国家风险的研究中（许晖等，2009；宋维佳和熊宏韬，2013；李春花，2013；孙丽，2008）。对外投资风险成为"一带一路"倡议下我国关注的重要议题，虽然国内学术界对此问题进行了大量的研究，但至今仍然缺乏一个适合中国海外投资风险的预警指标及模型（李一文，2016）。

石慧敏等（2018）利用 ISDS 仲裁案件数据库，研究了影响 ISDS

案件发生的因素。本书发现，中国目前对外直接投资分布于 ISDS 案件高发的行业和地区，面临的海外投资风险较大。回归分析表明，东道国经济发展水平越低、人均国民收入越低、政治环境越差，就越容易发生 ISDS 案件。姚凯等（2012）分析了我国企业遭遇的政治风险种类，并通过引入理论模型对东道国的政治风险进行量化分析，有助于我国企业对世界各国政治风险的量化评估；在此基础上结合趋势分析法充分反映现代政治风险的特性，有效预测东道国政治风险。李一文（2016）认为，境外投资风险因素可以分为五类：政治风险、经营风险、文化风险、法律风险和自然风险。在此分类的基础上，李一文通过全概率方法定义海外直接投资风险预警指标及预警的显著性水平。本书利用该指标对海外直接投资数据进行修正。统计数据表明，中国海外直接投资面临的风险仍在可控范围之内；修正后的中国海外直接投资和海外股票投资之间具有二次曲线关系。李优树等（2014）从海外投资的六个不同角度系统性地建立了海外投资利益保障体系，运用定性分析与定量分析相结合的研究方法对我国海外投资利益保障能力进行分析及评价，并提出具有针对性的建议。赵峰等（2018）搭建了跨国企业风险对冲效果的整体评估框架，并设计了包括五大维度、20 个核心指标的一套指标体系。以此为基础，其设计问卷，调查了"一带一路"沿线国家的 337 家中国跨国企业，使用结构方程模型（SEM）评估了企业的外汇风险对冲效果。结果表明，总体上，中国企业的外汇风险对冲取得了良好效果，提高了企业的价值；就具体维度而言，风控机制的作用最大，公司财务水平的作用居第二位，公司治理和产业竞争能力的作用最小。为测量各维度内部构成要素的具体影响，文章还对五大维度做了单因子结构效度分析，并对每个因子的作用进行了较为细致的挖掘。谭砚文（2017）运用模糊综合评判法对中国投资东盟农业的风险进行综合评价，并运用灰色关联法对东盟 FDI 流入量与东盟国家农业投资风险的相关性进行了研究，进而给出了中国投资东盟农业的国别优先顺序。研究表明，东盟主要国家的农业投资风险普遍较高，相对地，老挝、马来西亚和印度尼西亚等国的农业投资风险较低。

全球多个专门从事国家风险评估的机构提供专业咨询服务，以运用定性结合定量分析的方法形成国家风险评级体系。如美国商业环境评估机构（BERI）的富兰德指数，PRS 公司提供的国际国家风险指数（ICRG），Frost & Sullivan 公司提供的世界政治风险预测指数（WPRF）及世界银行、经济合作与发展组织、英国经济学家情报社等机构定期发布的评估报告。中国社科院每年发布海外投资风险报告，其将"对华关系"纳入指标体系并予以量化，为本书提供了指标创新思路；中国出口信用保险公司自 2005 年起，每年 12 月发布的《国家风险分析报告》是国内比较权威的国家风险评估，但其多立足于自身业务的实践。

2.2 对外投资风险传染

2.2.1 风险传染的界定

经济风险外溢现象一直吸引着学者们的目光。国内外多数学者将此类现象形容为传染，也有学者形容为扩散、传导、传播等。从这一现象的性质、过程和防范来看，使用传染一词在逻辑上更加充分。近年来，人们对传染病的理解和应对策略逐渐影响了经济学家对相关风险以及危机的思考（王珊珊，2016）。Krugman（1998）在评价亚洲经济危机时，认为"这就像曾经引起严重瘟疫的细菌，会以一种形式再度出现，它长期存在，一直处于医学的思考和人类对其的征服中"。经济学文献使用"传染"一词逐年增加，近年来大量使用。我国学者使用风险"传染"一词始于 2004 年，大量使用始于 2007 年（张望，2004；方毅等，2007；周伟等，2012；王贞洁等，2013；陈庭强等，2014，2016；欧阳红兵等，2015；苟文均等，2016；李永奎等，2017；杨海军等，2017；王鹏等，2018；万蕤叶等，2018）。随着相关经济、金融等风险传染性的加强，学者提出了部分金融危机传染表现出了复杂的自适应网络的临床表现，金融市场监督与公众对传染病的健康干预类似（Haldane，2009）。Garas 等（2010）将 Kermack 和 McKendrick（1927）建立的流行病学 SIR 传染模型成功应用于金融危机在国家间的扩散，标志着金融危机传染研究走向深入探索阶段，同时，也为本书提供了思路与方法。

2.2.2 风险传染的释义

从流行病学角度来看，传染是某种疾病的发生明显超过了正常预期的状况（Gertsman，1998）。学者多从金融风险传染的视角进行研究，Edwards（2000）也将金融危机传染解释为一种外部冲击的范围与程度都超过预期的情况，还有许多学者直接把别国的金融危机对本国金融造成冲击的过程定义为传染（Kaminsky 和 Reinhart，2000）。从文献调研中发现，关于风险传染的含义的解释主要有溢出效应说（Masson，1998；Barro 和 Basso，2010；刘金全等，2003；洪永淼等，2004；丁志国等，2007；蒋翠侠等，2009；刘晓星等，2011；史永东等，2013；杨子晖等，2018；方意，2018）、联动说（Pericoli 和 Sbracia，2003；Susan Carpenter，2009；Meitu N.，etc，2012；宫晓琳，2012；曹海军等，2012；张泉泉，2014；王向楠，2018）、传染说（Aharony 和 Swary，1983；Diamond 和 Dybvig，1983；Bengtsson，2013；宫晓琳，2012；周伟等，2012；邓超，2014；欧阳红兵，2015；杨海军等，2017；王鹏等，2018；万蕤叶等，2018），这些解释对风险传染机制做了进一步的阐释。方意（2016）创新性构建了包含银行破产机制和去杠杆机制的资产负债表直接关联网络模型，对系统性风险的传染渠道与度量研究。蔡宁等（2017）以中国风险投资网络为对象，以上市公司超薪酬问题为切入点，考察风险投资网络的"传染"效应问题。除了金融危机在国家间的蔓延称之为传染，学者把汇率风险传染（万蕤叶等，2018）、股市风险传染（黄乃静等，2017；王鹏等，2018）、信用风险传染（王贞洁等，2013；李永奎等，2017；陈庭强等，2014，2016）、债务风险传染（童中文，2012；苟文均等，2016）等也称为传染，这些领域相关因素的密切联系使得国家间具备了风险的强关联性，风险通过各种途径在国家间相互传染，最终可能会造成区域范围的风险，多米诺骨牌效应日益明显。

2.2.3 风险传染的三个环节

随着世界经济一体化程度的不断提高，经济危机、金融危机的扩散与传播，传染病理论引入风险传染的研究开始受到学者关注。其被广泛运用于政治学、社会学、经济学、管理学等学科。Kermack 和 Kendrick（1926）构建了 SIR 仓室模型，为传染病动力学奠定了基础。传染病在人群中的流行须具备传染源、传播途径和易感人群三个基本环节，这三个环节限定了流行病传染研究的基本框架，它对于经济、金融、投资风险传染研究既是重要的启示，也是可遵循的研究框架。学者对经济危机、金融的传染性研究亦围绕这三个环节进行了论证，为投资风险传染理论的确立奠定研究基础（见表 2-1）。

表 2-1　风险传染三环节文献梳理一览表

定义	传染病	经济传染
传染源	体内有病原体生存、繁殖并能排除病原体的个体	具有危机爆发点或潜在原发危机隐患，可广泛外溢的国家或单个金融机构（Masson，1998；Dette 等，2011；Pericoli 和 Sbracia，2003；Giordano 等，2013；王晓枫等，2015；庞晓波等，2018）
传染途径	病原体经过一定途径抵达或入侵新的易感者的过程	危机溢出，经过贸易联系、金融联系或信用联系侵入其他经济体的过程（Kaminsky 和 Reinhart，2000；Hartmann 等，2004；Barro 和 basso，2010；Garas 等，2010；张梦露和吴凤，2015；Matersanza 和 Ortegab，2015；陈永丽等，2012；马君潞，2012；吴炳辉等，2014；崔百胜等，2015；方意，2016；王克达等，2018；刘海明等，2016；马颖等，2015）
易感群体	对某种传染缺乏免疫力，易受该传染病感染的人群	自身具有易感风险隐患，或缺乏地域外部冲击能力（Jaramillo 和 Canedo，2009；Bengtsson，2013；王春峰和康莉，1999；Stiglitz，1998；叶五一等，2009；Kha，2010；Allen 和 Gale，2000；Panetti，2014；Bengtsson，2013；李永奎，2017；童中文，2012

以上研究揭示了经济领域风险传染的起源和演变过程，为对外投资风险传染理论分析框架的构建奠定了理论基础。

2.2.4 投资领域的风险传染

在投资领域的风险传染研究方面，经济领域中的风险外溢现象，国内外学者普遍称之为风险传染（risk contagion）。同时也有学者直接把其他国家发生的经济危机造成本国经济危机的这一过程定义为经济危机传染（Kaminsky 和 Reinhart，2001）。因此，国外学者对此也有了很多观点上的学说：溢出效应说（Masson，1998）、联动说（Pericoli 和 Sbracia，2003）、净传染说（Kumar 和 Persaud，2002）等。还有很多学者对风险传染进行了释义，并对风险传染的传染源（Pericoli 和 Sbracia，2003）、传染途径（Barro 和 Basso，2010）、易感群体（Bengtsson，2013）与风险传染的免疫（Bengui，2013）等进行了研究。投资风险传染是中国企业在融入世界经济过程中必然面临的问题。

近年来，人们对传染病的理解和应对策略逐渐影响了学者们关于投资风险传染的思考。而国内学界主要在对外投资、金融股票、外汇银行等风险主体进行传染类别、特征、测度、防范等方面研究分析，其代表有王姗姗（2016）针对中国企业对东盟投资的风险传染性测度提出了风险传染源的识别及相关免疫性等说法，并开始了以经济危机为主导的风险传染源对其传染性测度的更深层次的研究；胡志浩、李晓花（2017）等在一个具有无标衡度的复杂关联网络中发现风险传染的概率会在一定时期内超过期望值，也被学术界称为风险传染"溢出"现象。

此外，Mariya（2014）提出在一个分层银行网络中，系统范围内的违约风险和潜在影响与少数金融机构、银行有信贷风险传染联系；Xu 和 Rafal（2020）等国外学者采用复杂网络的视角来分析互联网金融的系统性风险，讲述了不同风险因素之间的传染和扩散之间的关系，提出了风险外部传输通过网络财务的内部循环，从而发现潜在的系统性风险隐患。张希、朱利（2019）提出为了帮助相关监管机构准确无误地测评风险系统的重要性，可以根据计算复杂网络层内的相关节点指标来进行系统性衡量，还可以完善对整个复杂网络系统的风险传染观测流程；蒋佳玉（2020）在复杂网络节点阈值的测算以及风险传染路径等方面得到更进一步的研究，提出可以依靠加强复杂网络内部结构来对风险评估；王睿、夏敏（2020）等提出金融银行复杂网络系统性风险传导原理，涉及了较为创新的风险传导理念，且他们还运用衡量风险杠杆率来作为银行监管风险的测算指标，可以更加真实可靠地去分析各银行间复杂网络的系统性风险传导机制；崔瑜（2017）在加强整体金融风险的防控措施方面，提出为有效阻止金融风险跨机构传导，中国企业务必须健全金融机构设施设备，加强提升金融机构的防御风险免疫能力，科学严谨地建立相关风险监管与防控机制，从而有效减小金融市场之间风险传染的发生概率，使其金融机构、市场监督体系得以改善。

这些研究成果虽然大多侧重于金融网络视角，缺少对国际投资和国家风险传染层面的研究，但其有针对性的投资相关领域的风险传染应用研究对本书的探索具有重要参考价值。

2.3 对外投资国家风险传染机理

2.3.1 风险传染机理

学者长期关注金融风险传染机理与机制，其研究方法与思路，为对外投资国家风险传染的激励研究提供了较好的思路与方法。如 King（1990）认为，信息和资源能够在不同金融市场间传递和配置，导致不同市场价格及其波动特征更加相似，形成了传染效应。Allen 和 Gale（2000）认为，金融机构跨区域经营和交叉持股，当金融市场动荡导致金融机构进行清算交叉持股时，会导致金融风险传染到其他地区。郑庆寰（2008）研究发现，美国次贷危机发端于次级贷款市场，增强次级债券市场，传染到持有次级债券的金融机构，并通过债权债务关系传导至商业银行，导致市场流动性紧缩，影响其他金融市场并产生更大的金融动荡。张磊（2013）指出，经济层面的关联性是金融风险传染的基础，银行信贷、证券投资和资金流动等方面存在关联性，投资者的情绪及其非理性行为在风险传染中发挥着重要作用。张华勇（2014）认为，金融市场的联动性是金融风险传染的基础，资产配置行为是金融风险传染的重要手段，投资者心理与预期变化是金融风险传染的推动力，信息技术发展更是加速了金融风险传染。宫晓琳（2012）解析了系统性金融危机酝酿及演化过程中的风险联动综合传染机制，运用我国 2000—2008 年系统性宏观金融数据，实证分析了风险传染的现实状况和不同的实现机制。栾彦（2014）通过对比冰岛、希腊、爱尔兰、葡萄牙、西班牙、意大利等国家的主权债务危机，提炼出其形成的机理与传导机制，并得出针对主权债务危机的防范策略。欧阳红兵等（2015）采用最小生成树和平面极大过滤图构建和分析金融市场网络，动态识别金融网络中节点的系统重要性，并全面直观地显示系统性风险的传染机制。程春梅等（2016）运用 Granger 因果关系分析法，剖析了金融生态危机传导机理，得出金融生态危机主体间是相互影响相互传导，金融生态环境对金融生态危机主体也是相互影响相互传导。张一等（2017）以美国和中国香港股市为对象进行实证研究，结果在 2008 年和 2010 年两次金融危机期间，国际交易者都成为两个市场价格运动的主要影响因素，一定程度上表明了金融危机传染现象的存在。还有学者也对其他领域的风险传染机理进行了深入研究，如商业模式扩散机制（2012）、风险感知的关系（王庆等，2016）、债务杠杆与系统性风险传染机制（苟文均等，2016）、企业社会责任传染机制（刘柏等，2018）。

2.3.2 传播动力学理论的应用

近些年，复杂网络理论与动力学相结合，逐渐形成一套较完备的传播动力学理论，用来分析如计算机病毒、SARS 和谣言等在网络中的传染行为，并取得了一定的进展和成功。这些复杂网络传染理论的成功运用得到了经济学者的关注，Schweitzer 等（2009）在 *Science* 中提出次贷危机演变成全球金融危机的过程，需要经济学者探索经济网络的结构和动态性，利用系统动力学和复杂网络理论强调经济网络的复杂性并修正和扩展经济理论范式，监视和管理经济的复杂性，这将有助于降低全球效率与个体利益间的冲突，降低全球风险并增强经济网络的稳定性。Haldane（2009）比较了非典的传染与次贷危机的传染，发现传染速度与害怕情绪有关：非典暴发后人们采用躲藏、逃跑的方式来缓解恐慌心理，结果虽然造成局部地区疫情有所减轻，但暴发了全球性的非典疫情；次贷危机爆发后银行通过限制流动性和出售不良资产，造成市场融资压力加大和经济下行压力的增加，因而次贷危机终于演变成全球性金融危机。

基于复杂网络的传播动力学理论和 Newman（2002）的开创性研究，Garas 等（2010）构建了贸易联系的全球网络模型，引入了 SIR 传染病模型来研究希腊危机在 206 个国家间的传染，从流行病学角度研究国家处于易感、已感和免疫三种状态的变化过程，将传染概率视为危机严重程度、节点权重和被传染目标节点经济强度的函数，以可变传染概率研究传染过程能更全面地测度欧债危机在经济体间的直接与间接传染结果。Toivanen（2013）借鉴 Garas 等（2010）的做法，将银行间同业联系视为欧洲各经济体间的金融传染途径，并进行了 S 化模型模拟，将传染概率定义为银行间风险敞口、银行间市场总规模、传染源银行的接触传染力及目标传染银行总风险敞口的系数。但此种方法研究的传染概率为离散比值，不连续，无法对传染概率特征进行分析，也无法确切定义经济体经历危机时长。

目前，国内学者应用网络模型分析金融危机的传染性较少，陈国进和马长峰（2010）对金融危机传染网络理论进行了研究，但缺乏进一步的实证模拟。虽然庞晓波等（2015）应用具有潜伏期的 SE 模型对全球贸易网络中的欧债危机传染进行了初步探索，但对全球网络的时变性分析不足。另外，国内学者还将 SIR 模型应用于上市公司持股网络的危机传染（巧源源等，2013）、产业集团网络的危机传染（米传民，2008）和银行网络中的危机传染（万阳松，2007；Cao 和 Zhu，2012；化洪辉，2012）。

从所查阅的文献来看，学者对风险传染的测度，主要集中在金融风险传染测度（郭晨，2017；王献东等，2016；陈尾虹等，2016；王辉等，2015；淳伟德等；2015），同时，与之高度关联的风险溢出的测度也多基于银行业风险、金融风险（许启发等，2018；胡成春等，2018；杨子晖等，2018；余世暐，2017；宋美喆等，2016；沈悦等，2016；徐苑清等，2015），对风险传导进行测度（江红莉等，2018；韩鹏等，2010；林宇等，2008）。

2.3.3 金融风险传染的实证研究

学者多基于金融风险传染进行实证研究，如 Cha 和 Sekyung（1999）运用多元 VAR 模型，研究美国股票市场对新兴国家股票市场的风险传染效应，发现 1987 年美国股灾对新兴市场国家股市传染效应显著。Bae（2003）运用多项式 Logit 模型估计金融危机传染概率，发现拉美各国金融市场之间存在较强的溢出效应，拉美与亚洲金融市场之间的溢出效应不明显。袁晨和傅强（2010）运用 GARCH 模型检验我国 2003—2010 年股票市场与债券市场、黄金市场之间阶段时变特征的传染效应，结果表明，股票市场与黄金市场间存在传染效应，股票市场与债券市场之间存在显著传染效应。许凯等（2015）运用时变混合 Copula 模型，分析了中国内地、中国香港与中国台湾地区股市之间风险传染关系，结果表明，中国内地与中国香港股市之间风险传染的可能性较大，而与中国台湾股市之间风险传染的可能性较小。周伟等（2012）通过建立多元随机风险传染模型，对沪铜场内外风险传染现象进行了实证，结果表明，金融市场间风险传染类似金融市场波动存在集聚效应。王贞洁等（2013）认为，经济危机伴随的"信用风险传染"效应，对于中国外向型电子信息产业上市公司的营运资金融资结构产生深刻影响；胡育蓉等（2014）基于我国上市公司 1998—2012 年数据，梳理了宏观货币政策调控对微观企业风险承担的影响机制，分析了货币政策对风险承担的非对称效应。傅强（2015）利用银行业、保险、房地产、证券、全指金融的板块数据，研究国内不同性质金融机构间的风险溢出效应，结果表明，总溢出指数与房地产、金融政策间存在密切联系。曾裕峰等（2017）运用非对称 MVMQ-CAViaR 模型，分析我国金融业不同板块间的风险传导效应，结果表明，银行对证券和保险均具有显著的风险传染效应，而证券只能单方向地吸收其他板块的风险溢出。胡利琴等（2018）利用 VAR-NETWORK 模型，构建了我国银行间的有向网络关联图，发现银行资产的高同质性和创新关联交易等因素导致风险吸收效应较强，风险外溢效应明显，但是整体系统性风险溢出指数仅呈现出周期性波动态势。

2.3.4 医学传染病模型在金融风险管理领域的应用

Kermack 和 McKendrick（1926）构建 SIR 仓室模型，以研究 1665—1666 年黑死病在伦敦的流行规律以及 1906 年瘟疫在孟买的流行规律，为传染病动力学奠定基础。根据不同的种群设置，SIR 仓室模型可演化为 SIS、SIRS 和 ISR 模型等。近年来，有关传染病的理解和免疫策略的研究为分析金融危机和金融系统稳定性提供新的思路。马源源（2013）

运用医学 SIR 传染病模型对股市危机传播进行研究，发现节点公司出现困难时，危机传播速度非常快。崔红欣（2013）将 SIRS 传染病模型和谣言传播 ISR 模型引入证券市场投资者情绪传播研究，认为投资者情绪传播与市场理性程度存在明显的相关关系。庞春媛（2015）运用医学 SIR 传染病模型对供应链网络节点企业在违约风险传染中的状态情况进行分析，发现提高供应链节点企业的风险免疫力，可以有效控制供应链风险传染。

胡志浩等（2017）将传播动力模型 SIRS 引入无标度的金融网络中，发现采取救助措施时，救助应该从危机加速度出现转折的时刻开始，从度大的机构逐渐向度小的机构过渡。这一救助思路对于特定网络结构下的系统风险控制具有一定的实践指导意义。马颖等（2013）运用传染病模型，研究了食品行业突发事件风险感知传递的特征和过程，建立了食品行业突发事件风险感知传递的传染病模型，并以日本大地震衍生的我国抢购食盐的食品供给安全事件风险感知为例进行模型仿真模拟。王宗水等（2016）通过构建改进的 SIR epiDEM 信息传播模型，研究发现，市场规模、感染率、信息的存活时间的增加在一定条件下能够提高社会网络营销的有效性，而直接免疫率、恢复率、自我隔离率、竞争者在一定条件下对社会网络营销的有效性具有削弱作用。马源源等（2013）建立了上市公司及其大股东间的持股关联网络，研究发现，当网络中的大型上市公司或控股集团被蓄意攻击或出现故障时，危机在网络中传播速度极快，造成的破坏力很大，网络表现出明显的脆弱性，从而容易产生多米诺骨牌效应。夏承遗等（2010）基于复杂网络框架，将感染媒介集成到经典的 SIR 传播模型中研究感染媒介对传播行为的影响。陈波等（2011）建立了新的带直接免疫的 SEIR 舆情传播控制模型，提出了从网络舆情传播环境入手，在舆情形成初期进行干预的控制方法。王砚羽等（2015）采用传染病模型探讨了商业模式扩散机制。其研究结论弥补了商业模式和创新扩散理论的已有盲点，为企业商业模式创新和模仿及国家产业政策制定提供管理启示。

2.4 国内外相关研究的简要评述

从现有文献看，对外投资风险、投资风险传染与风险传染机理的研究成果丰富，为本书奠定了坚实的基础，但仍需进一步深化：

第一，从研究对象看，相关文献主要研究单个国家或区域性联盟，聚焦南海四国，频繁发生针对中国企业对外投资国家风险事件的文献偏少。对外投资国家风险的传染，可能导致周边国家频繁发生针对中国企业的国家风险事件，这关系到我国对外投资的安全与国家战略（孙焱林等，2018），对此关注不足，影响了相关理论研究的实践价值。

第二，从研究内容看，主要关注对外投资的"风险评价""风险预警"与"风险防范"，既忽略了"对外投资风险"的动态特征，也忽略了国家间投资"国家风险事件频发"与"国家风险传染"的内在逻辑关系，影响了理论的解释力。现有文献大多数关注的是对外投资风险，忽略了结合对外投资国家风险的"动态特殊性"去揭示对外投资国家风险事件频发与对外投资国家风险传染的内在逻辑，使研究缺乏理论解释力。

第三，从研究方法看，多使用单一学科的定量分析，多学科交叉方法运用不足，忽略了对本质问题的理论抽象分析，无法形成统一的理论分析框架。从已有的研究看，"对外投资国家风险""对外投资国家风险传染""国家风险传染防控"分属于不同学科，没有形成统一的分析框架，导致研究成果说服力不足。

本书基于"风险传染"视角，依据国际投资、风险管理、传染病学等理论，运用多学科交叉方法，构建对外投资风险传染理论分析框架，揭示我国对南海四国投资的风险传染机理，以期在研究对外投资国家风险传染问题上更具理论解释力与实践价值。

第 3 章

理论基础

本书主要基于国际投资、风险投资、风险管理和传染病学相关理论，对海外投资国家风险传染机理进行探究。

3.1 国际投资相关理论

一般来说，国际投资理论其主要包括垄断优势理论、内部化理论以及产品生命周期理论等理论。本书围绕我国对南海四国投资的国家风险传染，以国际投资相关理论为基础（本书的基础和核心理论）对海外投资国家传染机理进行研究。

3.1.1 垄断优势理论

垄断优势理论由经济学家海默创立。他首次提出"垄断优势"一词是在其发表的一篇论文中，阐述跨国投资经营活动的本质，后经其导师和相关学者补充和发展，使其成为国际投资领域最原始、最具有说服力的科学理论。

该理论最重要的一个前提条件就是企业进行对外直接投资（OFDI）活动必须要能创造利益，不仅如此，这些企业还应拥有东道国不存在的垄断优势，而 OFDI 企业的垄断优势，又来自东道国市场的不完整性。不完全市场主要由不完全竞争所管控，而不完全市场又可以直接影响跨国投资活动的运营。因此，OFDI 绝大部分取决于企业的垄断优势。

3.1.2 内部化理论

内部化理论主要是指由于市场的不完全竞争而致使企业发生内部化，跨国投资企业为抵制国外市场的失控以及避免和减少相应的经济损失，出于某些投资产品存在特殊性或垄断趋势，致使投资企业运营成本的不断上升，进而通过 OFDI 将原本存在国外市场的投资业务转移到自身企业来运营，从而构成一个内部循环市场。简单来说，就是投资企业借助 OFDI 以及实施上下一体化经营，执行监督管控的运作方式将其国外市场进行内部化。

该理论的重要假设条件就是运营市场必须处于不完全竞争的环境

下，并且要求供应商的经营目标保持稳定状态；倘若市场处于不完整状态下，可加快供应商与 OFDI 企业之间内部市场的形成，从而起到转移外部市场的作用；而当企业内部化经营涉及国际领域，就构成了跨国投资企业。

3.1.3 产品生命周期理论

产品生命周期创始人是维农，他基于动态视域，依据商品本身具有的生命周期历程，从而创造了理论。OFDI 企业借助技术优势基础来解释的产品历程的四个阶段。

首先，产品的初始阶段，也就是研发创新阶段，其中科学技术的研发和经济实力雄厚的交易市场是主要前提条件。其次，产品的发展阶段，随着产品在市场上推广，其需求量不断增长，但产品还没有真正推行生产标准化，因此，各投资主体要想规避价格战的必经路径，就是在市场寻求更加差异化的产品。再次，产品的成熟阶段，也就是产品上市的标准化阶段，这表示投资企业所持有的专利受限期已到，且该产品的研发技术也都流入了大众市场。进入该阶段的产品，市场上不仅出现了一批又一批的替代产品，且市场竞争压力不断加大，其相互竞争的核心问题就是成本。最后，产品的衰退阶段，此阶段的产品开始下滑，一直到被市场淘汰，企业同时也在研发更新的产品。

3.1.4 国际生产折衷理论

国际生产折衷理论由邓宁教授最早提出。他认为，跨国投资经营活动是对外商品贸易、资产结构转变和 OFDI 的集合。一直以来，学界表达的国际直接投资理论只是单独地、不全面的解释国际直接投资。邓宁教授提出，对于外国公司所持有的垄断优势、市场内部化优势以及区位分布等，很大程度上影响其跨国投资经营活动的形式。因此，对外投资企业可参考对这三大优势组合搭配的多样化，来充分说明和甄别大部分企业的国际投资经营活动。

3.2 投资风险理论

3.2.1 投资风险的定义

投资风险是指投资主体为实现其投资目的而对未来经营、财务活动可能造成的亏损或破产所承担的危险。投资风险是投资主体决定是否投资所进行预测分析的最主要内容。导致投资风险的主要因素有政府政策的变化、管理措施的失误、形成产品成本的重要物资价格大幅度上涨或产品价格大幅度下跌、借款利率急剧上升等。

投资风险是风险现象在投资过程中的表现。具体来说，投资风险就是从做出投资决策开始到投资期结束这段时间内，由于不可控因素或随机因素的影响，实际投资收益与预期收益的相偏离。实际投资收益与预期收益的偏离，既有前者高于后者的可能，也有前者低于后者的可能；或者说既有蒙受经济损失的可能，也有获得额外收益的可能，它们都是投资的风险形式。

投资总会伴随着风险，投资的不同阶段有不同的风险，投资风险也会随着投资活动的进展而变化，投资不同阶段的风险性质、风险后果也不一样。投资风险一般具有可预测性差、可补偿性差、风险存在期长、造成的损失和影响大、不同项目的风险差异大、多种风险因素同时并存、相互交叉组合作用的特点。

3.2.2 投资风险的类型

企业的投资风险按风险来源来分类，主要可以分为企业的内在风险和企业的外在风险。一般来讲，企业的外在环境因素直接决定企业的外在风险，对于企业本身而言尽管该类风险不可管控，但可以尽量避免。政治风险和经济风险是企业的外在风险两个最为重要的风险子集。

首先，政治风险，通常大部分企业的投资运营会受到多方面因素的影响，几乎是不存在独立的。其中，政治方面的因素对其影响力度最为广泛，诸如区域联盟、第三方国干预等政治行为。在当今国际投资热潮中，越来越多的投资银行、金融市场等机构都将政治风险看在第一位。

其次，经济风险。在完全自由化的社会主义市场经济情况下，通常投资市场相对做出的政策调整会比较缓慢，也使得整个市场处于一种经济结构未能完善的局面，因此，通过缓解私有资本与社会资本之间的矛盾，从而预估企业的投资收益。其很大程度上取决于市场经济发展是否存在稳定的周期性。

而企业投资经营的内在风险，通常来自投资企业本身内部经营结构的不完善——主要存在企业带头人的领导能力欠缺、企业决策不到位、政策执行不给力等。其中，人为事故的风险和企业自身的财务风险是企业内在风险的两个主要风险子集。

人为风险也可以称为企业经营的内部人员政治风险。在所有运营的企业内部环境中，上级领导和下级员工以及员工与员工之间会经常出现结盟、挑拨离间、假公济私等行为，这样不仅给企业带来了不良的影响，还会导致一些风险事件的发生，给企业自身带来严重的利益损失。

另一种内在风险为企业自身的财务风险。一般来讲，要想使企业内资金能够顺利平稳的经营，其非流动资产和流动资产之间要始终处于一个平衡状态。倘若企业正常的资金运营环节出现了故障，从而引发的财务风险就会一直扩散到整个企业上下，直到企业出现大量坏账，最严重的后果就是企业全体上下员工无法获得薪资以及企业运营日常支出困难等，从而使得企业的经营状况一步步恶化，最终甚至可能破产。

3.2.3 投资风险的识别

投资风险识别是风险管理人员运用有关的知识和方法，系统、全面和连续地发现投资活动所面临的风险的来源、确定风险发生的条件、描述风险的特征并评价风险影响的过程。投资风险识别是风险管理的首要步骤，只有全面、准确地发现和识别投资风险，才能衡量风险和选择应对风险的策略。投资风险的识别具有以下几个特点：

第一，投资风险的识别是一项复杂的系统工程。风险无处不在，无时不有，这决定了投资过程中的风险都属于风险识别的范围；同时，为了准确、全面地发现和识别风险，需要风险管理部门和生产部门、财务部门等方面密切配合。

第二，投资风险识别是一个连续的过程。一般来说，投资活动及其所处的环境随时都处在不断的变化中，所以，根据投资活动的变化适时、定期进行风险识别，才能连续不间断地识别各种风险。

第三，投资风险识别是一个长期过程。投资风险是客观存在的，它的发生是一个渐变的过程，所以在投资风险发展、变化的过程中，风险管理人员需要进行大量的跟踪、调查，对投资风险的识别不能偶尔为之，更不能一蹴而就。

第四，投资风险识别的目的是衡量和应对风险。投资风险识别是否全面、准确，直接影响风险管理工作的质量，进而影响风险管理的成果。识别风险的目的是为衡量风险和应对风险提供方向和依据。

3.2.4 对外投资风险

对外投资风险是指一定时期内，在东道国的投资环境中，客观存在但事先难以确定的，可能导致对外投资经济损失的变化。在进行对外投资时，投资者都十分关心投资的结果。投资结果无非是成功与失败两种情况，当然投资者不会在预测要失败时盲目投入资金。但是有时尽管某项投资存在着较大的风险，由于投资可能带来丰厚的利润和极大的效益，促使投资者有可能下决心进行投资。即使开始分析时，成功的可能性很大，投资者却总是面对着一个变化的环境，例如东道国市场的变化、东道国政策的变动等，有变动就会产生不同的结果，就有风险。因此，对外投资风险，即对外投资项目的"安全性"，是在我国对外投资中必须系统地进行研究和探讨的重要内容。

3.3 风险管理相关理论

3.3.1 风险管理的起源

风险管理的起源可以追溯到20世纪30年代的美国，金融危机时不时爆发，导致全球经济危机蔓延。美国近一半的金融公司和商业银行面临倒闭，致使美国经济严重缩水。当时，美国政府各部门为了应对企业经营时发生的种种危机情况，为许多大中型企业建立了内部风险管理防控机构，增强保险系统的稳定性来确保众多企业能够化险为夷，渡过难关。因此，合理运用保险措施是当时建立风险管理防控机制的重要方法。20 世纪 40 年代，西方企业开始运用更为科学的防控手段对风险管理进行进一步研究。到 20 世纪 50 年代，风险管理逐渐形成了一门学科。到 20 世纪七八十年代，随着越来越多的企业面临着风险多样性以及复杂交叉性，其相关费用、成本也在不断上升，至此西方国家不断相互学习和运用风险管理来研究企业的风险。与此同时，中国对风险管理的研究也逐渐拉开了序幕。21 世纪以来，发达国家纷纷设立了风险管理防控组织。对发展中国家而言，大多数企业对风险管理的了解和运用还有待提升，同时在建立风险管理防控机构方面还没有得到重视。

3.3.2 风险管理的定义

风险管理是一门专门探究分析风险生成机制和风险防控方案的管理领域学科，主要是指运营企业或单位借助风险识别、风险估测、风险评价等有效管理手段，对企业发生的风险采取及时防控和降低利益损失的一系列管理过程，在企业或单位排除风险隐患，将其所有导致的不良影响缩小到最低程度的一项管理程序。风险管理在 21 世纪成为一门潮流学科，不仅具备管理学上的那些基础职能，还拥有来自本身的独具特征。对跨国企业来说，风险管理非常有必要，当公司即将面临市场全球化和周期性产品不断淘汰、创新的格局时，风险管理不仅提升了企业经营的抗风险性，还联动提高了经营活动发生的风险应对能力。同时，企业或单位适当地运用风险管理不仅有利于减少风险决策时发生的误差，还能尽量避免经济利益上的严重损失，从而间接为企业或单位增加自身经营价值。

3.3.3 风险管理的程序

1. 风险识别

风险管理一般程序的首要步骤就是风险识别，它主要通过分析、分类和总结对集体或个人所面临的潜在风险，从而对其风险的相关特征特性进行甄别的系统性程序。也就是说，对那些还没发生的、潜在的和非主观存在的各类风险，进行较为系统分析和归纳，并结合多方面去探究风险事件发生的各种因素。在对风险的识别这一操作中，待解决的问题层出不穷，不仅包括风险在何时、何地、何种条件下是否会存在潜伏状态，以及它发生或存在的条件又是什么，还有风险发生的概率、经济损失的可能性大小等。

2. 风险估测

风险估测主要是建立在风险识别的基础上，通过收集与分析发生风险的相关数据、信息资料，借助相关数学与统计学知识，进而系统地去估测和预算相关风险产生的可能性大小及导致损失的严重程度。该步骤不仅使风险管理整个过程都建立在真实、可靠的理论基础上，还能够使风险分析进一步量化，给决策者在执行风险决策以及运用最优管理方案时提供有力的科学保障。

3. 风险评价

针对前面对风险的识别和估测环节之后，接下来就是对其的评价，风险评价按传统意义来说，是指管理者对风险产生的可能性大小、损失严重程度，结合与之相关的影响因素从而进行系统性全方位的思考，来评估发生风险事件的一系列指标体系，以及同与之公认的风险防控相关指标相进行对比分析，最终凭借测量风险发生可能性大小程度的结果，来决定是否应及时采取相应的风险防控措施方案。此外，化解风险事件的费用支出与其风险带来的经济利益的损失成正比关系。影响风险管理运作效率的因素包括对企业运营风险的系统性定量分析和对比方法定性分析，从而决定风险是否需要及时处理，以及判断为化解风险所需要的支出费用是否符合效益。

4. 风险决策

依据前面对风险的一系列评价结果，为进一步达到风险管理的最终目标，还需进行风险决策，其中，挑选最优风险管理手段是风险决策中尤其重要的一个子环节。风险管理手段分为控制管理型方法和财务管理型方法两类。控制管理型方法的主要目的是为了控制运营风险发生的概率和减小经济损失的程度，其核心在于控制管理导致风险意外事件和扩散损失力度的内、外部环境；而财务管理型方法的是靠发展基金、股票等金融手段的方式，对那些处于控制之外的系统风险做财务上的风险转移、分散。

3.3.4 风险传染相关理论

1. 投资风险传染

投资领域中的风险外溢现象，相关研究学者称之为投资风险传染。投资风险传染是企业在融入世界经济过程中必然面临的问题，其对企业对外投资的影响是巨大的，对不同国家、地区的投资，其风险种类、大小也几乎是不一样的，从而相对应的风险传染程度也是有很大区别的。近年来，人们对传染病的理解和应对策略逐渐影响了学者们关于投资风险传染的思考，风险传染也逐渐成为风险研究领域的一大热点。

2. 金融风险传染

自 1980 年以来，全球各地不断爆发金融危机，其带来的影响力和破坏力也在持续上升，接连发生的危机事件也证明了金融风险可以在不同经济体、不同市场以及不同机构之间进行传染。因此，越来越多的学者开始了对金融风险的传染研究，并从不同领域去探索金融风险传染机制及其原理，随着金融危机的不断涌现，各学界领域对金融风险传染的研究也逐渐成为热潮。

近几年，各大金融体系机构、股票债券市场以及商业银行之间产生了密集的系统相干性，从而存在一个不可估量的金融风险传染源，致使金融相关系统性风险发生传染的可能性不断上升。系统性风险具有高传染性，它会对金融稳定性产生威胁，损坏金融系统功能，并对实体经济产生潜在冲击。因此，国内外学者和监管机构对系统性风险的传染机制和影响因素进行深入研究，为更好地防范和监管金融系统性风险提供思路和政策建议。

3. 金融危机净传染

金融危机净传染相比较金融风险传染来说，它不具备解释宏观经济具体数据指标的一种传染，主要是讲存在两个经济、政治关系不那么紧密的国家，其中一国爆发的金融危机并没有影响和传染给另一国家，但跨国投资主体会针对性地对该国家的社会、经济和政治等基础建设的进行再一次评析、考虑，因此也引发了两国之间金融危机净传染现象。

一般而言，对净传染理论的普遍理解是，某区域一国爆发了货币、金融危机，将严重影响和改变外国投资者对区域内其他国家最初的投资计划，从而致使投资者对其受影响国家的政治、经济基础建设和政府部门的相关贸易政策等进行重新定位。依据跨国投资主体所判断的国家间传染相关性的类别差异，金融危机净传染不仅包括经济方面的净传染，还包括政治方面的净传染等。

3.4 传染病学相关理论

3.4.1 传染病学的定义

传染病学的理论基础可以追溯到 18 世纪中叶时期，最具代表的传染病学理论是病毒感染理论，而病毒感染理论又起源于当时英国学者尝试分析病毒感染人群的社会活动及探讨病毒传播的途径。虽然病毒感染理论总体上没有具体表现所有社会群体的特征特性，但系统性病毒传播过程的基本原理和机制都与社会整体人群的病毒感染特征相吻合。其中，诱发性是病毒感染理论的基本假设条件，社会行为和人为因素引发的病毒传播力度和范围的上升是导致整个社会群体中的个体成员进行效仿与相互激励同一社会行为的主要路径。病毒感染理论的最主要特征就是不断反复循环，也就是群体中部分个体的社会行为会使群体中其他人进行效仿行为，然后一传十、十传百的一种类似传染形式的行为。

伴随着医学水平的不断提高和医疗卫生设施建设的逐渐完善，那些曾经叱咤风云的暴发性传染病，几乎得到有效防控或者被人类力量所消灭，但话还不能说得过于绝对，因为人类依旧在不断进化，还要面对很多未知挑战。21 世纪以来，一些暴发破坏力、变异传染更为强大的新型传染病毒又开始逐渐显现。例如，2009 年美国暴发的甲型 H1N1 流感（猪流感）病毒事件，当年该病毒传染蔓延超过 200 个国家和地区，给全球带来了严重的后果。又如，2020 年出现的新冠肺炎病毒（COVID-19），传染情况超乎想象，染病率和死亡率更是不可估量。这些全新的传染病毒不仅给各国人民带来了恐怖威胁，也关系着全球人类共同命运的存亡与发展。

现有传染病相关研究表明，传统意义上的流行传染病主要是由病原体不断向外扩散病毒而导致的，且在一个完整群体体系中，传染病病毒发生流行性传染过程务必要建立在病毒传染源、病毒传播途径和易感病毒人群这三个基本条件之下。其中，病毒传染源也就是所谓的体内藏有传染病病原体的个体，且这类个体能够在短时间内通过一定的传播途径把病毒病原体传染到其他未感染病毒的个体中去；而病毒传播途径是指病毒病原体借助一定路径从感染宿体到另一个易感染宿体所涉及的一系列过程；易感人群具体是指能够轻易被病毒传染源所感染且不具有免疫能力的群体。传染病传染的这三大环节只有共同发生且相互影响起到作用时，才能被称作真正意义上传染病的传染。

3.4.2 传染病学的拓展

一般来说，传染病学在数学领域的应用较为广泛，通常是建立数学函数模型来进行相关研究，主要是用来分析传染病的病毒传播速率、周期性和传染动力学机制或机理等研究问题，以便更好地对传染病的有效防控措施提供相关参考和实践价值。现阶段相关领域涉及的传染病模型通常有 SI、SIS、SIR、SIRS、SEIR、SEIRS 等类型，其中按照其传染的差异性不同又可分为基于常微分方程、矩阵方程和复杂网络传染动力学等类型。

而依据建立传染病模型的相关研究是推广传染病学、创造出病毒传染病动力学模型的基础。传染病动力学不仅是一种具有理论相关性的定性研究，还是依据社会群体行为的特征特性、流行性传染疾病的产生及在社会群体之间的互相传染的规律；一些受其影响的经济、政治等因素，建立起真正能正确显现传染病动力学特征特性的数学函数模型；借助对传染病模型的动力学系统进行充分分析和动态仿真模拟，来探索传染病的传染进度、揭示其内在传染规律、预判其变化走势、分析其暴发的原因和特征。鉴于 2020 年暴发的 COVID-19 传染病疫情，国内外相关学者对其研究投入了大量的心血，不断利用数学函数模型来探究其传染机理和发展走势，从而探寻出各类针对性病毒防控措施，为相关部门提供决策参考价值。

基于数理模型分析的视角，探究传染病学的相关理论，不仅能够更加具体地描述及分析传染病传染的基本规律，还有利于各研究领域充分探讨并解释传染病的特征特性及相关变化走势。因此，借鉴数学函数的方法进而来仿真模拟分析其传染病的传染机理在各研究领域的影响力和作用就很明显，这也是传染病学研究在数学领域拓展的重要原因。

3.4.3 对外投资风险传导因素分析

1. 治理因素

治理因素包括政治民主度、政治的稳定性和有效性、政府的管理质量、国家的法治程度以及腐败程度等。各国之间地理、文化、政事及社会发展存在差异，因此各家的政府治理因素表现各不相同。

2. 经济因素

（1）宏观经济环境

宏观经济环境包括东道国的经济结构和国际经济环境两个方面。造成企业海外投资风险传导的因素除了有政治治理环境，该国经济发展水平在很大程度上也成为发生风险传导的因素。亚洲、非洲的国家，大部分都是发展中国家，经济体制不够成熟、结构不平衡，经济走向带有很大的不确定性。国家与国家之间经济发展也是有差异的，例如，有的国家市场空间似乎很大，但实际上有效需求很小。此外，国际金融市场波动的影响也不容忽视，不同国家融资的环境、融资条件和融资方法都各自不同，一些国家在国际市场上收支不平衡，抵御外部经济金融波动干扰的能力弱，这样的宏观经济环境会成为企业在海外投资时风险传导的因素来源。

（2）汇率因素

汇率因素主要指汇率变动的风险。企业对外支付主要有两种方式：一是用本币兑换成外币支付，二是用产品出口所得到的外汇来支付。因此，企业所承担的汇率风险主要有两方面：一是本币贬值的风险，二是不同国家的外币之间发生汇率变化产生的国际贸易风险。东南亚国家的外汇储备量与发达国家相比还存在一定的差距，货币环境也很复杂，不同的货币之间具有不同的互换性，汇率变动很大。在这样的背景下，企业投资会面临多重汇率变动的影响，这些影响必然会给企业的投融资活动带来巨大的不确定性与危机。

3.人文因素

（1）宗教信仰

东南亚地区几乎汇集了全球所有的宗教类型，例如，穆斯林、基督教、印度教、佛教、民间宗教等。在这些地区，投资不免会受到宗教因素的影响，例如，在某些地区，一些重大投资项目遭到激进宗教组织的袭击和骚扰，建筑工人遭到绑架、遭受恐怖威胁等。因此，在进行对外投资时，如果对东道国国家的宗教政策不了解，没有理清不同国家之间错综复杂的宗教联系，在开展对外投资时容易遭遇宗教风险。

（2）文化习惯

东南亚地区拥有多种语言，国家之间的文化传承、风俗习惯都不尽相同。企业在境外的投资虽然主要表现为国家与国家之间资本的流动，但母国的文化与东道国的文化会在企业境外投资的过程中相互交流、相互融合，不同国家之间文化背景和人们的价值取向不相同，在投资过程中，容易产生文化摩擦，造成沟通成本变大，投资效率下降。例如，有些地区禁止非本教人员进入，因此企业如果要在这些地区投资，在雇佣方面会有很大的限制；有些宗教的教会人员要定期举行朝见或者斋月活动，活动期间工人们不能工作，投资项目的工程建设也需要停止，项目进程易被延误。

3.4.4 对外投资风险传导机制

1.风险事件

风险事件是指使风险发生传导的事件，是一个诱导因子。当企业在海外的投资遭到风险事件后，风险会沿着各种路径发生传导，导致企业（甚至该国企业）在其他国家的投资也遭受损失。风险事件本身可能并不包含风险传导的因素，但是风险事件可以触发这些因素释放出风险。风险事件可能是风险的单一事件，也可能是关联事件。如果是关联事件，其是海外投资的风险因素不断积累，到达爆发的临界值时，在风险事件的诱导下，风险的传导就产生了。此时，这种风险事件可以说是使潜在的危险变成真正损失的事件。

2. 传导的介质

（1）国家联盟

国家联盟是指东道国为实现某种特定目的而与其他国家组成的一种国家间的联盟。东道国的国家联盟会成为风险传导的介质，是因为东道国与其他国家的外交关系的会直接影响企业在东道国开展投资活动的稳固性，两个国家之间关系好，对企业来说会起到正面导向的作用；但是如果关系变差，则会引发一系列的政治风险。区域组织内一个国家的风险会通过各种融合措施迅速向邻国扩散，引发政治风险。除此之外，也有一些形式上联盟关系，但是有联盟实质行动的国家。

（2）经济往来

企业的海外投资其专业性的要求高，前期的投资较大，投资的周期也较长，因此海外投资企业在投资期间需要具备较强的经济基础。企业与利益相关的上下游企业以及其他金融机构之间存在经济往来，经济往来涉及人力、物力、财力等战略性工作，这些工作比其他社会活动吸收更多的资源。管理不善、价格走势和消费需求走势等因素都会引发经济风险，经济风险又会导致社会风险、政治变动和政治不稳定，因此经济往来是风险发生传导的一个介质。经济往来越频繁，生产、交换、消费各个环节上的不确定因素就越多，风险发生传导的可能性就越大。

（3）人文联系

人文联系作为传导的介质，是指文化作为一项不确定因素给企业的经营活动带来损失的可能，包括文化偏见、管理风格等。人文联系之所以构成风险传导的介质，主要是因为企业在跨国经营时会面对不一样的国家文化，面对不同国家的人民，在经营管理的过程中容易发生冲突，除此之外，还可能存在第三国人文联系的干预，这种冲突更是会直接影响着企业实践，导致决策效率低下、沟通不畅、组织机构受影响。

3. 传导的路径

（1）政治传导

政治传导的路径包括国家之间的联盟因素（隐性联盟因素或显性联盟因素）、域外大国的干涉、对华关系变动等。如图 3-1 所示，企业在 A 国的投资受到风险事件的影响而发生损失后，企业在与 A 国联盟的其他国家的投资很大概率上也会受到影响；当域外大国干涉企业的海外投资后，其他国家为了避免与大国的关系变坏，会倾向于大国的态度，导致企业的投资受损。

（2）经济传导

经济传导一方面来自投资企业与上下游供应商之间风险的传导，如图 3-1 所示，如果 A 国是企业在其他国家投资的原料供应国，当企业在 A 国的投资发生风险事件后，企业在其他国家投资所需的原料供应会受阻。除了与上下游供应商之间存在风险的传导外，为投资企业提供资金来源的公司，例如，A 国的银行、信贷公司等金融机构，也会发生相似的风险传导，风险会沿着资金链传导至其他国家。

（3）人文传导

社会群体是对外投资企业的用户，与投资企业之间多存在利益相关性，政府部门、金融机构与对外投资企业之间也存在利益关系。人文风险传导是组织行为、工作及个人因素共同作用的结果，组织中的组织定义、基准程序、管理决策、组织文化、组织目标、组织沟通等都会造成风险传导。

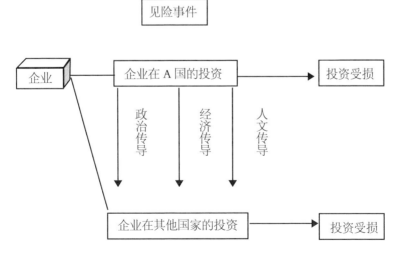

图 3-1　对外投资风险传导的路径

4.传导的效应

（1）破窗效应

破窗效应是指一扇窗户被打破后，如果不及时去进行修补，那么这个房间的其他窗户在之后也会被打破。它的意思是，在任何的坏事面前，如果我们在一开始就止步不前，或者不加以纠正，就会变成一种坏的氛围，今后很难再去纠正这种坏的局面。就好像是河堤上的一个小缺口，如果没有及时把它修补完好，会有河堤崩坝的风险，造成难以估量的损失。在对外投资的过程中，如果没有认真地排查潜在的投资风险，并通过修改完善风险管理制度，预先做好风险的防控，当发生对外投资风险事件，且该风险事件诱发风险传导，破窗之势将引起风险的传导。

（2）多米诺骨牌效应

在一个系统中，某一个环节发生异常，可能会影响其他环节的正常运行，就像多米诺骨牌，第一张牌倒下后，排在后面的牌也会全部倒塌。对外投资风险的多米诺骨牌效应是指在风险事件的作用下，某个环节产生风险，会诱发与其他环节的风险出现连锁反应导致连环的损失。在投资的风险传导中，企业管理网络中某个阶段或者节点发生变化，经过直接或者间接关联的节点相互影响，风险因子会不断被放大，最终会导致风险的强度增加，对企业造成极其巨大的影响。

第4章

对外投资国家风险传染的概念界定与内涵分析

本章通过界定国家风险、对外直接投资（OFDI）国家风险、OFDI国家风险传染，然后分析 OFDI 国家风险传染的内涵；明确对南海四国投资国家风险的类型，分析中国企业投资东盟的国家风险传染的特征，为下一章分析我国对越南、菲律宾、马来西亚以及印度尼西亚等南海四国投资国家风险传染的现状做铺垫。

4.1 OFDI 国家风险传染的定义与内涵界定

4.1.1 国家风险的定义

国家风险（country risk）是指在国际经济活动中，由于国家的主权行为所引起的造成损失的可能性。国家风险是国家主权行为所引起的或与国家社会变动有关。一般来说，国家风险具体表现在主权风险的范畴内，东道国作为国际经济的一方，因其主权行为而生成风险。国家风险的内涵比较宏观，国内外学者普遍将其界定为一个涉及国家主权、社会文化、经济法律相互更替的及带有一定非自然因素等要素的风险聚合，但由于面对不同形式的国际经济活动，需要界定和评估的国家风险当然也存在一定的差异。与此同时，国家风险的影响因素也在不断随着时代的变化而有所变化。

4.1.2 OFDI 国家风险的定义

OFDI 国家风险的定义可以将对外投资和国家风险两个定义组合起来：在对外投资活动中，由于东道国的主权行为所引起的造成损失的可能性。对外投资国家风险是国家主权行为所引起的或与国家社会变动有关。对外投资国家风险不仅无法全面掌控，也无法全面规避，只要存在投资经营活动，风险就会不请自来。经济合作和发展组织（DECD）把风险定义为可能导致违背主体意愿结果事件的概率，所以风险可以被认为是一种逆向的偏差，即由于未来事件发生的不可预测性所带来的实际结果偏离预期结果的程度，差值越大，表示风险越大。

4.1.3 OFDI 国家风险传染的定义

国内外多数学者将经济领域中的风险外溢现象，称之为风险传染。在国外，学者对此有很多学说观点，例如，溢出效应说、联动说、净传染说等。还有很多学者对风险传染进行了释义，并对风险传染的传染源、传染途径、易感群体与风险传染的免疫等进行了研究。对外投资风险传染是中国企业在融入世界经济过程中必然面临的问题。迄今为止，人们对传染病的理解和应对策略逐渐影响了学者们关于对外投资风险传染的思考。在对外投资活动面临的一系列风险中，国家风险尤为难以规避及预料。中国企业近年来对东盟国家的投资活动中，其中特别是对越南、菲律宾、马来西亚和印度尼西亚等南海四国，中国企业遭受国家风险事件频繁，导致中国企业投资出现经济损失，甚至是投资活动终止。在对南海四国投资中，一旦某国发生针对中国企业的国家风险事件后，将极有可能影响南海四国的其他国家，甚至在东盟国家发生类似针对中国企业的国家风险事件，即对外投资国家风险传染。需要注意的是，国家风险种类繁多，不同类型的国家风险涉及相互渗透以及转化，将共同作用于中国企业对东盟投资的国家风险传染当中。

4.2 我国对南海四国投资国家风险的类别与特征

4.2.1 学者对 OFDI 国家风险类型的界定

最早将国家风险研究引申到投资风险领域，可以追溯到 Root（1968）等研究的国家风险对 OFDI 的影响，他们通过研究对外投资经营活动、政府行为和社会、政治动荡来进一步分析其对 OFDI 的影响。随着对 OFDI 研究的深入，国家风险类型的界定也在不断赋予新的内涵。有学者（沈军、包小玲，2013）将东道国的国家风险类型分为政治风险、经济风险和金融风险三方面，还有学者（朱兰亭，2019）将其划分为政治风险、经济风险、主权风险以及法律风险。

4.2.2 我国对南海四国投资国家风险的类型

借鉴前人对国家风险研究的基础，结合 OFDI 相关的理论，我国对南海四国投资的国家风险所面临的主要类型，可以分为主权风险、政治风险、经济风险和法律风险这四个方面，从而对国家风险研究进行更深层次的探索。

1. 主权风险

主权风险是中国企业对南海四国投资时极易面临的一种国家风险，常见的主权风险有东盟国家政府为了保护本国企业，对中国企业设置投资准入门槛、利润汇出限制等壁垒；东道国政权更替，新政府不承认前政府与签订的合同或拒绝履行合同；因对华关系恶化或国内动乱而冻结中国企业资产，导致资产难以保全等，这些都是中国企业对南海四国投资时所面临的主权风险。

2. 政治风险

政治风险是诱发南海四国爆发针对中国企业的国家风险事件发生的主要因素。常见的政治风险主要包括在东道国内和国际的政治风险。东道国国内的政治风险主要是指，南海四国因宗教或民族问题引发的内乱和战争，及其存在的腐败现象、地方势力影响社会安定等。东道国国际的政治风险只要是指，因政治原因或经政治因素放大，导致南海四国政府及民众的排华情绪，引发的打砸抢烧事件以及外交事件冲突等。由于东道国的客观国情及其与中国的现实关系，政治风险是中国企业对南海四国投资面临的最大潜在风险。

3. 经济风险

中国企业对南海四国投资经济风险的产生与东道国政府的经济政策高度相关，常见的经济风险有南海四国政府针对性的出台或调整贷款利率、汇率，影响企业的资金运转；选择性设置投资和贸易壁垒，提高中国企业的投资门槛；东道国政府面临的财政赤字，不定时征收高额税收来填补财政资金，加剧了中国企业投资运营成本。此外，存在东道国对临时性的资金救济与资金转移进行限制，严重影响了中国对南海四国投资企业的正常流通等。

4. 法律风险

法律风险是指东道国外商投资相关法律法规的不完善性、法律法规的不透明性等原因导致的风险损失，这些都对外商投资有着极大的潜在风险。法律法规的缺失往往会带来规则和执法的不确定性，导致相关部门的难作为、不作为和乱作为。中国对南海四国投资企业海外维权的难度非常大，获胜的企业寥寥无几，特别是企业为了使得投资顺利进展，不愿意据理力争，以免得罪当地官员与地方势力，导致项目进展不下去。这也就导致了中国对南海四国投资的企业在海外维权上，很难真正意义上依靠东道国的法律法规来维护自己的权益，而往往不得不花费大量资金拓展当地人脉，以此保障企业投资权益。

4.2.3 我国对南海四国投资国家风险的特征

1. 遭受国家风险的行业较为集中

中华人民共和国商务部发布的数据显示，我国对东盟的投资主要集中于制造业以及服务业领域。越南、菲律宾、马来西亚等国是中国企业在东盟投资遭受国家风险事件的热点区域，中国企业对南海四国投资的产业主要集中在建筑、矿产资源和加工行业。相关数据统计显示，投资这些行业所发生的风险事件约占对东盟投资所有风险事件的80%，且大多数与国家风险有关，损失金额超过300亿美元。这些行业投资周期较长、固定投资巨大等特征，导致其极易频繁遭遇国家风险。

2. 政治因素是诱发国家风险的主要因素

《中国企业国际化报告》蓝皮书数据显示，2005—2017年，中国企业对东盟投资的失败案例中，因政治因素诱发国家风险的占比超40%。虽然南海四国自然资源丰富，近年来经济增长迅速且都为发展中国家，但其国内政治稳定性不强。经济学人智库风险评估报告显示，东盟十国除了新加坡、马来西亚、文莱这三个国家以外，投资其余各国基础设施的风险都在50%以上。南海四国的国内局势也不够稳定，近几年社会冲突时有发生。《中国海外投资风险评级报告》对东盟国家投资的风险评估结果显示，由政治因素导致的投资风险是对东盟投资最主要风险。东盟国家，特别是南海四国与我国在南海问题上有争端。尽管我国提出通过和平谈判妥善解决有关南海争议，并提出了"搁置争议、共同开发"的主张，愿意在争议解决前，同有关国家暂时搁置争议，开展合作。但是，南海争端经常被南海四国之外的域外政治势力以及南海四国不同政治派别的斗争的工具，从而发生针对中国企业的国家风险事件。同时，受第三国因素的干预，也加大了中国企业对南海四国投资遭遇国家风险事件的概率。如菲律宾新政府终止北吕宋铁路项目、越南打砸抢中资企业事件、马来西亚与印度尼西亚叫停中资项目等。

3. 民族宗教因素是诱发国家风险事件的潜在因素

为减少与发达国家大型企业的贸易摩擦，中国企业不得不选择政治、经济、社会等不完善的东盟国家投资。部分东盟国家存不同程度的民族宗教问题，增加了爆发国家风险事件的可能性。如菲律宾的民族宗教问题，造成各派武装冲突，引发伊斯兰复兴运动与摩洛分裂主义，中国企业遭受了较大损失；印尼部分地区的分离主义与种族暴力及恐怖主义活动，以及国内激进主义的民族情绪，爆发严重的排华、反华动荡事件。此外，越南及菲律宾也因南海争端，被第三国或本国政治团体利用，发生针对中国企业的打砸抢或终止中资项目事件。

4. 中国企业对南海四国投资遭遇的国家风险事件存在传染趋势

随着东盟国家之间经济往来密切程度增加与政治互信的提高，东盟十国之间的联动日益加强。近年来，一旦南海四国某国发生针对中国企业的国家风险事件，如果企业或政府未能做出强有力的应对，易造成其他三国，甚至东盟其他国家出现效仿行为。例如，2014年5月，因南海争端，收到越南国内部分势力的鼓动，部分越南民众对中资企业进行了打砸抢等一系列破坏行为。中国政府与中国企业尽管采取了克制的应对措施，但易被周边国家误认为是中方理亏，或者被误认为无应对实力，部分国家容易效仿，造成短期内针对中国企业的国家风险事件频发。一旦发生针对中国企业的国家风险事件，中方未能强有力地应对，易产生"破窗效应"，呈现出跨国传染的扩散趋势。

第 5 章

我国对南海四国以及东盟投资国家风险传染的现状分析

本章梳理我国对越南、菲律宾、马来西亚和印度尼西亚等南海四国投资的国家风险以及对东盟投资的国家风险现状，分析我国对南海四国投资国家风险传染的现状，分析我国对南海四国投资时所发生的一系列国家风险事件，研究我国对南海四国国家风险传染现状的诱因，为后面的机理研究提供相关依据。

5.1 我国对南海四国及东盟国家投资的国家风险现状

5.1.1 我国对越南投资的国家风险现状与对策

我国对越南的直接投资始于 1992 年，随着中国对外资本输出能力的提高以及越南投资吸引力的增强，我国企业对越南的投资步伐正在逐步加快。近年来，中国与越南在经贸领域合作进一步深化，我国南大门改革开放取得辉煌的成就。当前，随着世界格局的改变和全球化进程的深化，越南正在推进一系列深彻改革，对中国企业而言，既带来了发展机遇，也面临着各种风险挑战。海关总署数据显示，2020 年第一季度，东盟超过欧盟成为我国第一大贸易伙伴。中国一直以来都是越南最大的投资来源国。由于各种不确定性因素的影响，随着我国企业在越南投资规模的不断扩大，我国企业在越南面临的国家风险也趋于复杂，对于投资越南的中国企业来说，注意国家风险的防范是十分必要的。

2020 年是中越建交 70 周年，如果能充分利用越南深彻改革带来的发展机遇，将有力促进"一带一路"倡议与西部陆海新通道的建设，促进更多的中国企业走出去；如果能有效防控和应对各种风险，将更加有力地鼓励和保护中国企业对越南投资。从越南深彻改革的现状来看，其重大改革必然对越南经济社会产生重大影响，给对越南投资的中国企业带来重大的发展机遇，与此同时，中国企业对越南投资面临着不可小觑的风险。

1. 越南深彻改革对中国企业投资越南带来的机遇

其一，有利于中国企业进一步走出去。越南深彻改革为中国进一步深化改革提供了观察样本，降低了试错成本，有利于中国借鉴越南在改革中适用的成功经验。在当前新冠肺炎疫情、中美贸易摩擦背景下，鼓励中国企业走出去，重点聚焦东盟市场已上升为环境与市场行为的选择。其二，有利于中国企业充分利用越南改革红利打开国际市场。越南深彻改革有利于越南自身对外开放的同时，也有利于中国企业充分利用越南深彻改革所带来的改革红利、人口红利、资源红利、国际网络红利等，促进中国企业以越南为支点，打开东盟市场，实现两个市场与两种资源的共赢，以此拓展西亚、欧美市场。其三，有利于中国对越南投资企业充分利用国际国内资源促进企业转型升级。充分利用越南深彻改革所带来的红利，加大对越南投资与贸易，有利于中国企业聚焦东盟市场，充分利用国内资源、技术、标准等，面向东盟市场，从而推动企业转型升级，促进国际次区域分工。

2.越南深彻改革对中国企业投资越南带来的风险挑战

无论越南深彻改革成功，还是效果不显著，都将对在越南投资的中国企业带来不同程度政治、经济、社会等风险。如未能有效管控这些风险，将对中国企业造成重大的风险隐患和损失。此外，越南深彻改革给中国企业带来的风险存在连锁联动的倾向，越南深彻改革对越南投资中国企业带来的风险极易被放大，并"传染"至周边国家或地区，形成"并发性"风险事件，这将对海外投资的中国企业造成极其不利的国际环境与投资风险。

（1）越南深彻改革给中国企业对越南投资带来的风险

第一，越南深彻改革成功可能给中国企业对越南投资带来的风险。越南深彻改革刚刚起步，其结果尚难以预测。如越南深彻改革成功，也将给对越南投资的中国企业带来各种投资风险。其一，如越南深彻改革成功，可能出现越南民族主义迅猛抬头的局面，基于历史原因与南海争端，中国企业对越南投资可能面临类似 2014 年越南打砸抢中国企业的事件，甚至程度更加恶劣；其二，如越南深彻改革成功，将极大地激励其他东盟国家，这些国家可能"效仿改革"，东盟国家内部的政治、经济、社会联系，使得发生在越南的针对中国资本的风险事件，极有可能传染至其他东盟国家。此外，越南与美国、欧洲等国家间的政治联系使得这些国家之间具备了风险的关联性。

第二，越南深彻改革效果不显著也可能给中国企业对越南投资带来的风险。越南大刀阔斧的改革，由于种种原因，其结果也有可能达不到预期效果。如预期效果不明显，为回避政府内部、民众的质疑与批评，有可能通过转移矛盾、转嫁栽赃等方式来解决，这种情况在我国近些年对外投资中并不鲜见。其一，如越南深彻改革未能取得预期效果，民众对政府的失望与质疑可能引发一系列政治、经济、社会等风险，对中国企业对越南的投资造成潜在损失。其二，如出现转移矛盾的情况，其可能借助无直接关联事件，制造舆论煽风点火，引发社会事件，这极有可能给中国企业对越南投资带来风险。其三，如出现栽赃嫁祸的情况，其有可能出现铤而走险的情况，主动制造摩擦来激发小范围的冲突，使得政府内部与民众不再关注改革预期效果，而齐心协力面对"外部挑衅"，将给中国企业对越南投资带来极大的风险。

第三，越南深彻改革措施可能给中国企业对越南投资带来的风险。自由选举、成立独立工会、取消户籍、取消公务员终身制等重大改革措施，在具体实施过程中，可能给对越南投资的中国企业带来诸多风险。其一，越南深彻改革中的自由选举，其可能带来的政治动荡和不同党派之间的斗争，及其对政治、对经济、社会的影响，"中国牌"可能成为常用工具，直接影响中国企业对越南的投资。其二，越南深彻改革中的成立独立工会，根据历史经验，此类工会难以真正意义上代表工人，极有可能出现类似西方国家工会出现的"表面为了工人利益，实际为了集团利益"的情况，成立独立工会将加大中国企业对越南投资的成本，以及管理上增大出现投资风险事件的概率。其三，越南深彻改革取消了户籍制度，从生产要素角度来看，实现了人员要素自由流动的同时，将促进生产力的发展；此外，极可能出现人员往大中城市集聚，与此同时，城市是否有足够接纳能力，是否能解决可能出现的人员就业、子女就学、耕地荒芜等问题，如未能妥善处理，将引发由以上问题所导致的社会事件，"中国企业"将可能被利用于转移视线，给中国企业投资带来风险。其四，越南深彻改革取消了公务员终身制，打破了公务员的铁饭碗，公务员仅仅是普通职业，采用聘任制，能者上庸者下。取消公务员终身制，非常有利于解决公务员的腐败问题，与此同时，由此产生的灰色关联链以及非体制内代言人可能替代之前存在的问题，导致腐败问题不仅没有减少，参与群体还可能更多更广，给对越南投资的中国企业带来风险。

（2）越南深彻改革可能给中国企业对越南投资带来的风险连锁联动

越南深彻改革可能给中国企业对越南投资带来众多风险的同时，由于风险的"传染性"特征，这些风险极有可能存在"连锁联动"，对中国企业的投资风险传染至其他国家，使投资其他国家的中国企业遭受类似投资风险或风险事件。2019 年 1 月 21 日，习近平总书记在省部级主要领导干部专题研讨班上提出，"全球动荡源和风险点增多，我国外部环境复杂严峻，有效防范各类风险连锁联动。"在越南深彻改革的过程中，其与东盟、美国、欧洲国家间的政治、经济、社会联系使得这些国家之间具备了风险的关联性，上述各个阶段、不同类型风险均有可能通过各种途径传染，最终可能形成区域范围的风险，从而使得中国企业陷入风险事件频发的困境，造成极大的损失与破坏。2014 年，越南对中资企业的打砸抢事件后，短期内在周边国家均发生了不同程度针对中资企业的风险事件；美国打压华为以来，包括越南在内的部分国家也采取相应措施拒绝使用华为相关产品。因此，越南深彻改革，一方面可能加剧越南作为"传染源"扩大对中国企业投资风险事件的传染；另一方面也可能加剧越南作为"易感染受影响国家"，受到来自美国、欧洲等国家与地区的风险"传染源"的传染。

3．对策建议

（1）充分用好越南深彻改革给中国企业带来发展机遇

第一，持续加大对越南深彻改革的研究与分析。政府有关部门应持续加大对越南深彻改革的研究与分析，以党政有关部门为主导，在相关送阅件、要报、专刊中，引导有关党政机关、高校、院所与智库等，及时关注和总结越南深彻改革的成果，研判其存在的问题与不足，以及相关改革措施的可以借鉴之处，支持和保护中国企业走出去；与越南经济联系紧密、接壤的省份，鼓励各边境县（市、区）和相关部门建立会晤机制，协商解决各领域合作中遇到的困难和问题。

第二，消化吸收成功经验促进中国企业进一步"走出去、走得稳、走得远"。应积极消化吸收越南深彻改革中适用中国的成功经验，充分利用国内与国际两种资源，促进中国企业进一步"走出去、走得稳、走得远"。

首先，要充分结合国家战略，促进与越南有关改革战略的对接。借鉴越南深彻改革中成功的适用中国的政策，立足"一带一路""海洋强国""西部陆海新通道"等国家政策，各地结合自身发展条件与优势，加强制度、政策创新，促进与越南的政策沟通、设施联通、贸易畅通、资金融通、民心相通，重点做好贸易、投资、交通、基础设施、金融、海洋、旅游等方面的深度合作，深化两国企业国际合作。

其次，要充分利用国内市场，集聚资源打造西部陆海新通道陆路枢纽。我国与越南接壤的广西、云南等省份，可立足自己区位优势，集聚国内资源，推动"一带"与"一路"无缝对接。企业应充分挖掘越南市场潜力及其与欧美的市场联系，共建四川、贵州、湖南、湖北等省市的铁路联运共同体，共同做大面向东盟陆路物流枢纽；与越南组团，联合甘肃、重庆、贵州等省市共建东盟高铁旅游圈，通过搭建更高层面的交流平台，共同打造国际旅游品牌。

再次，要充分利用东部产业转移，构建与越南的国际次区域分工体系。建立东西部地区产业扶持与合作新机制，推动 "一对一"产业结构帮扶。西部地区通过承接东部产业转移，将部分市场导向型以及受到国内资源环境制约、产能过剩约束的产业，转移至越南，延长企业生命周期，转移过剩产能，为本地战略性新兴产业提供发展空间。

最后，要充分体现协同合作，西部地区构建协同联合体优化国际合作结构。西部地区各省份要加强协同合作，构建协同联合体，在对越南合作中进行差异化分工与合作，避免西部各省与越南合作中的恶性竞争；立足于我国幅员辽阔，各类旅游资源的优势，积极推动西部民族文化国际旅游示范区建设，把西部地区打造成越南到中国旅游度假目的地。

（2）有效防范越南深彻改革给中国企业带来各种风险

第一，科学研判越南深彻改革的深层次形势。党的十九大报告中明确提出，"要更加自觉地防范各种风险，坚决战胜一切在政治、经济、文化、社会等领域和自然界出现的困难和挑战。"越南深彻改革难以一帆风顺，在此过程中，其必将对越南投资的中国企业在政治、经济、社会、安全等方面产生不同程度的风险。其一，国家层面统筹指挥，发挥专家组、专题组参谋作用，及时拿出有关形势报告。各级党政机关、高校、院所与智库等，应加快组建越南深彻改革对中国的风险评估与监测的专家组，充分发挥专题组的研究能力，持续研究并定期拿出有关形势报告。其二，国家层面可建立协调机制，统筹有关部门、省区形成动态监控制度，密切关注风险动态变化。统筹建立应对越南深彻改革相关的协调机制，统筹相关部门、省区形成常态化、网络化、动态化、信息化的监控制度，运用科学方法获取相关风险信息，关注风险动态变化。其三，运用各种政策手段，稳控经济形势变化。充分利用中国改革以及越南深彻改革中的成功经验，运用各种政策手段，建立相应的风险预警、防范、应对、保障与救济机制，稳控经济形势变化，全力降低风险损失。

第二，充分做好各种风险挑战防范的应对预案。党的十九届四中全会《决定》中明确提出，"健全对外开放安全保障体系。构建海外利益保护和风险预警防范体系，完善领事保护工作机制，维护海外同胞安全和正当权益，保障重大项目和人员机构安全。"其一，国家层面把应对越南深彻改革风险防范列入重要议事日程，成立专门工作领导小组与协调办公室；边境省区与经济关联度大的省区成立专门工作领导小组与协调办公室，重点做好越南深彻改革风险研判与应对策略。其二，充分发挥高校、院所与智库等单位的"智力资源"，吸收前瞻性、预测性与应对性的建议与意见，提出不同风险的针对性应对预案。其三，重点加强边境省区动态监控，充分利用各种渠道掌握动态变化信息，能够及时做出有效应对。特别是在健全对外开放安全保障体系方面，要借鉴成功经验，构建海外利益保护和风险预警防范体系，维护海外同胞、对外投资企业安全和正当权益，保障重大项目和人员机构安全。

第三，彻底防范各种风险可能引发的连锁联动。2019年1月21日，习近平总书记在省部级主要领导干部专题研讨班上提出，"既要高度警惕'黑天鹅'事件，也要防范'灰犀牛'事件；既要有防范风险的先手，也要有应对和化解风险挑战的高招；既要打好防范和抵御风险的有准备之战，也要打好化险为夷、转危为机的主动战；有效防范各类风险连锁联动必须增强斗争精神。"其一，在成立越南深彻改革专门工作领导小组与协调办公室的基础上，加强沙盘推演，成立专班，以"风险连锁联动"背景建立预案。其二，加强风险连锁联动监控，掌握动态。通过各种渠道与技术手段，加强可能给中国企业带来风险连锁联动的信息采集，及时掌握周边国家、东盟国家以及关联国家相关动态，做好常态化管控。其三，制定政策措施，及时反应防控。面对越南深彻改革可能带来的风险连锁联动的倾向，要提早介入，控制风险"传染源"，切断风险"传播途径"，保护"易感染受影响国家"，制定相应的政策措施，政府与企业应迅速采取应对措施，防范他国的"效仿行为"。

5.1.2 我国对马来西亚投资的国家风险现状分析

国家风险，是指在国际经济活动中，因东道国国家主权行为所引起的或与东道国国家经济社会变动有关的，给投资企业造成损失的可能性。近年来，中国企业对外投资的速度不断加快，马来西亚也成为中国企业海外投资的重要国家之一。2018 年 9 月，商务部发布的数据显示，中国对马来西亚投资存量与流量位于东盟国家前列，马来西亚已经成为中国企业对外投资的重要目标国家。

以"一带一路"为引领的对外开放格局，为中国企业投资马来西亚创造了历史性机遇。一方面，中国企业对马来西亚的投资，呈现出显著增长继而平稳发展的态势；另一方面，与之相伴的国家风险也逐渐增加，马来西亚政党交替、贪污腐败、债务危机等国家风险，对中国项目造成潜在威胁。因此，全面了解中国企业对马来西亚投资的国家风险，并对其进行防范研究，提出相关防范对策及建议，具有非常迫切的现实意义。

1. 我国对马来西亚投资国家风险的主要类型

（1）政治风险

政治风险目前是国家风险非常重要的内容，是指因东道国政治环境出现变动，给投资企业造成经济损失的可能性，通常包含政党交替、政策变动、政府贪污腐败、国有化、战争、内乱、政府制裁、政府违约、地缘政治、政治保守主义、外交孤立主义等因素，是国内政治秩序与安定、冲突、风险与可能性的糅合。

例如，2018 年，马来西亚新任总理马哈蒂尔上台后，暂停由中资承建约 850 亿元人民币合同金额的马六甲皇京港填海项目及另外两个管道项目，这属于因政党轮替带来的政治风险；2011 年，在利比亚战争中，因战争导致中国企业在利比亚的 50 个大型中资项目无法继续，中国企业也因此无法向利比亚政府索赔预付款。这就属于因战争带来的政治风险。总体来看，政治风险依然是影响企业在海外投资的重要国家风险之一，政府违约的风险仍然存在。

（2）经济风险

经济风险是指因东道国经济发展状况的不确定性，企业在正常的经济活动中发生经济损失的可能性，通常包含汇率风险、经济危机、通货膨胀、债务风险等内容。

例如，2018 年，马来西亚因债务过高，暂停了由中资承建约 860 亿元人民币合同金额的东海岸铁路项目，这属于债务风险。2014 年，万达集团参与俄罗斯 145 亿美元的吉尔汽车工厂投标，因卢布大幅下跌，万达集团只能放弃该项目的投资；2011 年，因汇率波动导致波兰高速公路项目原材料上涨，给中海外集团造成大约 4 亿美元的损失，这两者都属于汇率下跌带来的经济风险。从目前情况看，经济风险仍然是影响企业对外投资的主要国家风险之一。

（3）社会风险

社会风险是指企业对外投资经营过程中，因东道国国别、水文地理、种族、宗教信仰等差异及道德行为等问题，给企业带来经济损失的可能性。对外投资的社会风险通常包含文化壁垒、宗教矛盾、种族矛盾、极端主义威胁、恐怖主义、环保风险等内容。

例如，2014 年，越南发生排华暴动，400 多家中国企业被破坏，10 多家中国工厂被点燃，这属于种族矛盾带来的社会风险；2012 年，缅甸莱比塘铜矿项目，因当地居民和环保组织的阻挠，多次暂停施工，这属于社会风险中的环保风险。2009 年，沙特麦加轻轨项目因没有充分评估宗教因素，导致中国铁建亏损约 40 亿元人民币，这属于宗教矛盾带来的社会风险。总体来看，社会风险依然是企业对外投资过程中重要的国家风险之一。

（4）法律风险

法律风险是指因法律制度方面的问题导致企业发生经济损失的可能性。法律风险主要来源于两国法律体系、制度的不同，通常包括两国法律体系差异、外商准入限制、劳工制度限制等内容。

例如，2014 年，中国福朋集团在巴西投资时，对巴西《公司法》不熟悉，不知道巴西法律是不存在"法定代表人"概念的，而导致企业蒙受约 4 亿美元的损失，这属于两国法律体系差异带来的法律风险。2006 年，国家电网公司退出收购菲律宾电网的竞标，其中一个主要因素是菲律宾法律规定该类型项目中标后，仍需菲律宾国会和菲律宾政府批复，企业才可以拥有特许经营权，时至一年，菲律宾政府才批复了该项目，这属于法律制度不同带来的国家风险。显而易见，法律风险仍会给企业对外投资带来一定程度的国家风险。

2. 我国对马来西亚投资主要的政治风险

（1）政党交替

马来西亚政党交替，导致中资项目受挫。2018 年，马来西亚希望联盟击败国民阵线，出现了马来西亚历史上第一次政党交替的局面。新总理马哈蒂尔上任后，暂停了多个中资项目，包括东海岸铁路项目及另外两个油气管道项目。2018 年 10 月，因希望联盟政府政策不明确，中马合资建设的马六甲皇京港填海项目暂停施工，中资项目再次被暂停（见表 5-1）。

表 5-1　2018 年马来西亚新政府上台后受到影响的中国项目

项目名称	投资金额	对中国企业影响
东海岸铁路项目	约 850 亿元人民币	项目暂停
多元石油产品输送管工程（MPP）	约 64 亿元人民币	项目暂停
沙巴天然气运输管道工程（TSGP）	约 86.3 亿元人民币	项目暂停
马六甲皇京港填海项目	约 800 亿元人民币	项目暂停
碧桂园森林城市项目	约 2500 亿元人民币	限制出售、不发放签证

资料来源：马来西亚投资发展局（MIDA）。

关于总投资约 2500 亿元人民币的碧桂园森林城市项目,新总理马哈蒂尔宣布该项目不得出售给外国人,并且马来西亚政府也不会发放签证给居住在森林城市项目的外国人,这无疑给碧桂园森林城市项目带来巨大的经济损失。马来西亚新政府上台后,暂停中资项目,政策更变不断,这给在马来西亚投资的中国企业造成巨大的经济损失,政党交替风险,已经成为影响中国企业投资马来西亚极为重要的政治风险。

(2)贪污腐败

马来西亚贪污腐败问题较为严重,恶化中国企业投资环境。2018年,马来西亚前副总理哈米迪,因涉嫌 20 多起洗钱案、8 起受贿案、滥用职权被捕;2018 年,马来西亚前总理纳吉,因涉及一马基金贪污腐败案及多起巨额贪污洗钱案,被马来西亚警方抄家。《印度斯坦时报》调查结果显示,在马来西亚投资的中国企业中,约有 20% 的中国企业因竞争对手贿赂而被抢走生意;2018 年,中资石油管道项目资金也因涉及一马基金贪污腐败案,被马来西亚政局介入调查。马来西亚的贪污腐败问题,很大程度上恶化了中国企业在马来西亚的投资环境,挤压了中国企业在马来西亚的生存空间。

(3)主权争端

南海是中国领土不可分割的一部分,中国对于南海主权问题态度坚决。此前,马来西亚曾多次与中国发生南沙群岛主权争端,特别是2018 年马来西亚马哈蒂尔担任马来西亚总理后,马来西亚与中国可能引发的南海问题,再次引起社会各界投资者的重视,因主权争端带来的战争风险,是中国企业在马来西亚投资重要的国家风险。

中马两国在南海问题上始终存在争议,特别是在南海弹丸礁上,两国互不相让。如果因海南问题引发战争,那么在马来西亚投资的中国企业,将会成为第一个遭受战争的受害者,这也成为影响中国企业在马来西亚投资的重要因素之一(见表 5-2)。

表 5-2　马来西亚与我国南海争端事件概览

时间	事件
1984 年 4 月	马来西亚总理马哈蒂尔亲自到我国弹丸礁视察
1992 年 5 月	马来西亚总国家元首到我国弹丸礁视察
1993 年 9 月	马来西亚建设的弹丸礁机场跑道及旅游项目竣工后，马哈蒂尔登上我国弹丸礁，以示"主权"
1995 年 5 月	马哈蒂尔参加弹丸礁机场首航并在岛上过夜，对外宣称马来西亚对弹丸礁拥有无可争议的"主权"
2009 年 3 月	马来西亚总理巴达维登上我国南海弹丸礁，宣示"主权"，并发布了有中国南沙群岛的马来西亚地图邮票
2018 年 6 月	马哈蒂尔再次担任马来西亚总理后，明确表明马来西亚新政府在南海和主权的问题上，会比上届政府态度强硬

资料来源：环球时报。

3. 中国企业在马来西亚投资主要的经济风险

（1）债务危机

马来西亚中止东海岸铁路项目，很重要的一个原因，是因为马来西亚债务比原有的债务预期高出很多，加上马来西亚的外汇储备也是东盟十国中最少的，少于 1100 亿美元，项目继续会大大加重马来西亚的债务负担。

马来西亚财务部资料显示，2018 年马来西亚债务高达 10873 亿林吉特，占 2017 年马来西亚 GDP 总量的 80.3%，这比之前国民阵线政府公布的马来西亚债务多出 4000 多亿林吉特（见表 5-3）。巨额的债务使马来西亚中止了中资东海岸铁路项目，债务风险成为影响中国企业在马来西亚投资的重要风险。

表 5-3　2018 年 5 月马来西亚国家债务情况

债务项目	数额（亿林吉特）	占 GDP 比重（%）*
联邦政府债务	6868	50.8
政府担保的或有债务	1991	14.6

债务项目	数额（亿林吉特）	占 GDP 比重（%）*
"公私合营"项目（PPP）	2014	14.9
总数	10873	80.3

注：* 占 2017 年 GDP 总量的比重。
资料来源：马来西亚财政部（2018 年 5 月）。

（2）汇率不稳定

马来西亚汇率不稳定，影响中国企业投资收益。近年来，马来西亚受国际市场的影响，由于国际油价不断下降，马来西亚汇率大幅下跌。从图 5-1 可以看出，2013—2018 年，美元兑换林吉特汇率呈波动形式上升，林吉特不断贬值，汇率较不稳定。

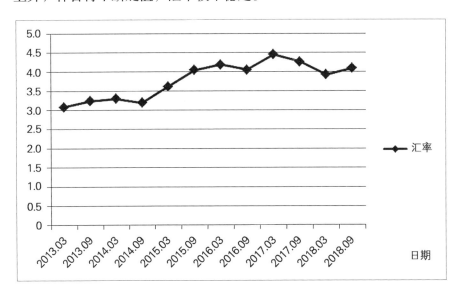

图 5-1　美元兑换林吉特汇率变化（平均汇率）

资料来源：马来西亚统计局。

2014 年，中国新华联地产与雅居乐地产在马来西亚拿地投资建设房地产项目，2015 年马来西亚林吉特汇率大幅贬值，导致企业借贷成本增加，间接减少企业的预期利润。此外，因为中国与马来西亚以美元为主要结算币种，加大了中国和马来西亚双边汇率的不稳定性，增加了企业结算成本，影响中国企业投资收益。

（3）税收风险

中国企业对马来西亚投资的税收风险，主要来源于两国纳税标准不同，即企业是否被该国认定为居民纳税人。目前，大多数国家采用是否为居民纳税人的方法，管理企业税收。当企业被认定为居民纳税人，那么企业就要就来自全球范围的所得纳税。如表5-4所示，国际间有4种常见的居民纳税人判别标准。

表5-4　国际间4种常见的居民纳税人判别标准

纳税标准	列举国家
公司注册登记地	泰国、越南、中国
公司管理控制地	马来西亚、新加坡
公司注册登记地或管理控制地	印度、波兰
实际经营地或公司注册登记地或管理控制地	哈萨克斯坦

资料来源：国家税务总局。

从表5-4可以看出，中国纳税标准为公司注册登记地，而马来西亚纳税标准为公司管理控制地，即公司实际管理机构是否在马来西亚。如果某中国企业公司注册登记地为中国，而公司管理控制地为马来西亚，那么这个中国企业就会同时被中国和马来西亚判定为当地的居民纳税人企业，这个中国企业就要就来自全球范围的所得分别在两国纳税，这就导致中国企业出现了重复纳税的情况，这会在某种程度上给中国企业带来经济损失。

4.中国企业在马来西亚投资主要的社会风险

（1）种族矛盾

如表5-5所示，马来西亚是一个多种族的国家。目前，马来西亚华人、马来人之间的种族矛盾仍然存在，并且为社会的主要矛盾。

马来西亚《宪法》规定："马来西亚是马来人的国家。"马来西亚政府为了捍卫马来人的权益，获取更高的政治地位和经济地位，制定的很多政策都是倾向马来人，这也在一定程度上阻碍了华资企业的进一步发展。例如，自马来西亚建国以来二十余家华资银行不断被并购，到2018年，马来西亚仅剩下七家华资银行；1969年，马来人为争取更高的经济地位、社会地位，发动了震惊中外的"五一三"排华事件。这些事件都表明，马来西亚种族矛盾成为影响中国企业投资的重要因素。

表5-5　2015年马来西亚种族人口情况

种族	人口数量（万人）	占比	种族	人口数量（万人）	占比
马来人	1915.09	61.8%	印度人	198.86	6.4%
华人	662.03	21.4%	其他	323.6	10.5%

资料来源：马来西亚统计局。

（2）排华情绪

马来西亚排华情绪，抵制中国投资。目前，在马来西亚的社会中，存在着一定的排华情绪。2016年，因马来西亚总理与中国签订了总额约为320亿美元的投资备忘录，而被马来西亚反对党贴上"卖国"标签。马来西亚有些媒体认为中国的"一带一路"倡议，是把中国产能过剩和高污染的行业转移到马来西亚，而马来西亚部分社会舆论也认为，中国企业挤压了当地企业的生存空间，没有大量聘用当地劳务工人以缓解马来西亚的失业问题，因而对中国企业的投资项目抵制很大。

5. 中国对马来西亚投资主要的法律风险

（1）外资准入风险

马来西亚外资准入门槛很大程度限制了中国企业的投资，增加投资风险。在外资准入范围方面，马来西亚严格限制中国企业进入马来西亚金融与电信两大行业，中国企业也不能开办具有独立法人性质的律师事务所，这可能导致中国企业面临不公平的市场竞争。在持股比例方面，马来西亚经常调整外资持股比例内容，外资持股比例内容具有不确定性。马来西亚制定了内容繁杂的《马来西亚法律职业法》，中国企业根据法律还要将公司的部分股份分配给马来人，这些都会给中国企业投资带来影响，增加了中国企业的投资国家风险。

（2）劳工制度限制

马来西亚劳工制度限制，给中国企业带来了用工问题。一方面，马来西亚尚未允许从中国大量引进普通劳务，中国企业只能雇用少部分中国专业技术工人，雇用大量的马来西亚工人或其他国籍工人，中国企业也因为雇用孟加拉国、印尼等非法外籍劳工问题，向马来西亚政府提出意见，但问题一直没有得到圆满的解决。另一方面，马来西亚劳动法还规定月薪在1500马来西亚币以下的劳务工人，每天工作时间不能超过8小时，加上马来西亚当地人很少愿意做苦力劳动，常常导致中国企业缺乏体力劳动工人。马来西亚苛刻的劳工限制，很大程度地增加了中国企业在马来西亚投资的国家风险。

6. 中国企业对马来西亚投资的国家风险产生原因

（1）国际大宗产品价格下跌间接导致马来西亚债务危机

如果说马来西亚沉重的债务，是马来西亚发展经济的重大挑战，那么研究马来西亚棕榈油、石油天然气等占国民经济结构比例则为更深层次的经济问题。马来西亚经济过于依赖棕榈油、石油天然气等国际大宗产品。如表5-6所示，2017年马来西亚棕榈油、石油天然气等产品出口总额，约占马来西亚总出口的20%，马来西亚财政收入主要来源于棕榈油、石油天然气等国际大宗产品。国际大宗产品的价格不断下跌会导致马来西亚财政收入减少，间接导致马来西亚债务危机出现。

表5-6　2016—2017年马来西亚棕榈油、液化天然气等出口及占比情况

	2016 年		2017 年	
	出口 （亿林吉特）	占出口比重 （%）	出口 （亿林吉特）	占出口比重 （%）
棕榈油	414	5.3	461	4.9
液化天然气	327	4.2	404	4.3
原油	223	2.8	279	3.0
石油产品	546	6.9	719	7.7
小计	1510	19.2	1863	19.9

资料来源：马来西亚贸易发展局（2018年）。

（2）不平等对待引起种族矛盾

马来西亚是一个具有浓烈"种族色彩"的国家，各个种族在马来西亚的政治、经济地位有所不同。一方面，华人经济地位最高，华人掌握着大部分马来西亚国民经济企业。但华人没有政治地位，华人通常不能进入马来西亚的高层政治，直至2018年，代表马来西亚华人利益的马来西亚华基政党马华工会，在马来西亚仍属于在野党。

另一方面，马来人经济地位虽然没有华人高，但马来人主导的政府极力维护马来人的利益，一直实行"马来人至上"的政策。马来西亚在发放社会福利、公务员的录用、高等学府录用新生等方面，都是优先选择马来人。不是以马来语作为教学官方语言的学校，马来西亚政府不给予任何补贴。此外，马来西亚还实行土著身份特权，将马来人身份定位为"第一等公民"，华人及其他非马来国籍外来人口的身份定位为"第二等公民"，华人及其种族人员要与马来人通婚才可以享有土著身份特权。到目前为止，由于马来西亚政府不平等的对待，马来人与华人的关系仍然处于紧张状态，种族矛盾依然存在。

（3）马来西亚内部对"一带一路"的认同程度存在差异加大排华情绪

马来西亚排华情绪一直存在，而马来西亚内部对"一带一路"的认同程度存在差异，加大了马来西亚排华情绪。虽然马来西亚前总理纳吉极力支持中国"一带一路"倡议，但与此相反的是，希望联盟则认为马来西亚应和中国政府保持一定距离。此外，马来西亚的学术界对中国"一带一路"倡议的认同程度也不一样。虽然学术界的大部分学者对"一带一路"倡议持支持态度，但也有一小部分学者并不看好中国"一带一路"倡议。他们认为，中国企业只是借着"一带一路"倡议转移落后产能，并没有促进马来西亚当地就业，马来西亚也未能从中获得实际利益，因而持反对态度。由此可见，马来西亚内部对中国"一带一路"的认同程度存在差异，会在一定程度上加大排华情绪。

（4）争夺海洋资源引发主权争端

为了获得更多的海洋资源，马来西亚与中国的南海主权争端在所难免。2017年，马来西亚原油产品、石油产品出口总额达998亿林吉特，占出口比重10.7%，出口的石油产品约有70%是来自南沙海域。此外，南海还包含其他丰富的资源，渔业资源包含二十多种经济价值高的鱼类，南海的矿物资源含有锰、铁、铜、可燃冰矿体等35种金属和稀有金属锰结核，开发潜力巨大。为了获取更多的海洋资源，马来西亚与中国发生南海主权争端问题难以避免。

7.中国企业投资马来西亚的国家风险防范建议

（1）国家层面

第一，完善中马双边投资保护协定。中国与马来西亚于1988年签订《中马双边投资保护协定》，由于其签订年代久远，其内容也有一定的局限性和不规范性，没能最大限度地发挥其保护中国企业投资的作用。因此，中国政府应规范和增加《中马双边投资保护协定》的内容。相比中国与印尼签订的《双边保护协定》，《中马双边投资保护协定》中的一些内容规定得比较模糊，法律用语不够规范。例如，《中马双边投资保护协定》对"国民""公司""领土"等重要词都没有做出定义，对"投资"的定义也较为模糊，不够规范。另外，中国政府还应《在中马双边投资保护协定》中，新增条款与内容。例如，在《中马双边投资保护协定》的投资待遇制度方面，增加国民待遇条款，提高中国企业待遇；增加双边税收保护内容，避免中国企业重复征税。中国政府尽可能完善《中马双边投资保护协定》，保护更多中国企业的利益。

第二，完善我国投资法律制度。完善和更新商务部官网关于投资马来西亚的信息，特别是马来西亚投资法律方面内容，为中国企业提供准确、可靠的投资法律信息。在地方设立有关投资马来西亚法律的咨询服务机构，给中国企业提供法律查询和咨询服务，帮助中国企业解决对马来西亚投资的法律问题。商务部还可以委托专业机构，按时定期翻译和出版投资马来西亚的相关投资法律信息，为中国企业提供系统、权威、有效的投资法律信息。避免因中国企业对马来西亚投资法律了解不充分、不及时而给中国企业带来投资损失。

第三，健全我国对外投资保险体系。目前，我国对外投资保险体系仍不够完善，与发达国家的对外投资保险体系仍有差距。我国对外投资保险行业门槛高，几乎为国家垄断，建议加大放开海外投资保险行业力度，让更多保险金融机构参与进来。目前，我国从事对外投资保险的金融机构不多，中国出口信用保险公司是我国唯一承接对外投资保险业务的非营利政策性金融机构，其承保的保险业务范围有限，且很大一部分业务属于"政策性业务"，像政治暴力、恐怖主义仍暂时不属于承保范围，加上其保险费率较高，具有很大的局限性。如果能加大放开对外投资保险行业力度，适度竞争，引入有实力的商业保险机构参与对外投资保险行业，不断丰富投保业务类型，从而进一步推动和完善我国对外投资保险体系。此外，我国还可以通过制定海外投资保险法及相关规章制度，完善我国对外投资保险体系，为我国对外投资企业保驾护航。

第四，出台相关国家风险预案。中国政府应出台对马来西亚投资的相关国家风险预案，当中国企业在马来西亚投资发生国家风险时，可以根据预案，第一时间采取措施，尽可能将中国企业的投资损失降到最低。国家有关部门可以根据指标评判或评估分析，对中国企业投资马来西亚现有的国家风险和潜在的国家风险，划分风险等级，提前制定好对应不同国家风险等级的应急处理方案，为中国企业提供坚强而有力的投资保障措施。

（2）企业层面

第一，投资具有投资优惠政策的行业。具有投资优惠政策的行业，在某种意义上来说，是该国政府支持的行业，因而遭受国家风险的可能性会相对降低。目前，马来西亚在金属制造、机械工程设备及医疗设备、保健品、工程承包、新兴技术等领域对中国企业开放，中国企业在这些领域投资，马来西亚政府会给予一定的优惠投资条件，国家风险系数也较小。此外，马中关丹产业园在清真食品、电子、不锈钢、石油化工、棕榈油加工、可再生能源等行业也提供一定的优惠投资政策。中国企业在马来西亚五大经济特区内进行投资，还可以申请5—10年免缴所得税。因此，选择投资具有投资优惠政策的行业，对于在马来西亚投资的中国企业，也是一种规避国家风险发生的策略选择。

第二，建立国家风险评估预警机制。中国企业在对马来西亚投资前，应通过实地考察、查阅两国官方政府网站、咨询投资顾问等多种渠道，详细了解马来西亚的投资环境，结合资料数据，全面对马来西亚的政治、经济、文化、投资政策、法律等风险系数进行评估，建立和完善国家风险评估预警机制。中国企业还可以根据马来西亚的实际国情，结合国外著名机构如标准普尔、穆迪等发布的国家风险报告，建立对马来西亚投资的国家风险评估预警机制，全面做好马来西亚国家风险的评估预警工作，尽可能把企业的投资风险降到最低。

第三，树立良好的企业形象。对于马来西亚社会舆论对中国企业的抵制，中国企业应加强履行社会责任，积极投入当地发展，为当地做贡献，树立一个新的良好企业形象。例如，中国企业可以通过捐赠财物，支持当地教育事业发展；通过募捐方式、举办献爱心活动等，积极投入当地慈善事业；利用当地媒体，积极宣传中国项目的可靠性及项目给马来西亚当地带来的经济社会发展意义。此外，中国企业还可以通过优先录用马来西亚工人促进当地就业，加强与马来西亚当地协会组织沟通，赢得他们的支持和认同，重新树立中国企业海外形象，达到与马来西亚人民"民心相通"，从源头上消除马来西亚社会舆论给中国企业带来的不利影响。

第四，实施企业本土化策略。中国企业在马来西亚进行投资时，可以采用企业本土化策略。尽可能选择与马来西亚当地企业或政府合作，可采用合资、合作、股权等方式经营项目。优先录用马来西亚当地人，提高其在中国企业管理层的占比；选择马来西亚本土化生产，优先考虑在马来西亚采购生产原料；在进行产品或品牌宣传推广时，尽量与马来西亚当地文化、价值观、消费观相适应等。中国企业选择本土化策略，更容易打开马来西亚当地市场，也在一定程度上降低马来西亚社会风险带来的损失。

第五，运用法律手段保障项目安全。中国企业在马来西亚投资时，如果项目发生违约风险，中国企业可以根据不同的情况，采用不同的法律手段保障中国项目安全。目前，在马来西亚投资的中国企业，可以通过马来西亚国内法律保护、中马两国政府双边协定、国际公约与国际仲裁等方式保障公司项目的权益。对于在马来西亚投资的大中型项目，国际仲裁是最常见、最有效的终端解决方式。

（3）第三方机构层面

第一，加快商会改革，推动中国海外企业发展。与中国政府相比，商会更有能力向投资国政府争取对中国企业合法方面的利益，与当地商会进行对话，并管理与当地政府和社会的关系，是中国与东道国之间良性发展的重要桥梁。"一带一路"建设对海外华侨华人来说是很大的机遇，因此，商会应当加快改革，以企业为中心，提高对企业的服务质量与覆盖范围，增强商会的自主性和经济性，有效地保护广大中资企业的海外利益；继续完善商会的政策和规章制度，为中国企业对外投资合作提供法律支援和帮助，帮助企业利用其优势扩大协调市场，并就国际商业活动中需要援助的问题与企业进行协商和咨询，帮助在海外孤军奋战的中国企业增强其生存和抗风险能力。

第二，发挥行业协会等民间机构的优势，提高企业对风险防控能力。会计师事务所、律师事务所、行业协会等专业机构既是协助中国海外企业评估潜在的业务伙伴和投资地的有效力量，也是社会经济活动的监督者和企业权益的维护者。因此，这些专业机构应当积极发挥其沟通与协调能力，作为有效的信息传递渠道，协助中国企业解决在投资过程中出现的问题。此外，这些专业机构可以继续评估企业商业活动和管理行为的合法性，监管企业的行为，从而使企业行为得到规范，并走上健全发展的道路；同时需要不断完善机构内的规章制度和政策法规，为企业在海外投资过程中提供更专业的法律咨询和援助，提高企业对外投资风险的防控能力。

（4）社会层面

第一，借助马来西亚华商信息资源提前防范国家风险。中国企业在马来西亚投资时，应积极与马来西亚华商开展经济合作，借助马来西亚华商在马来西亚的人际关系和资源信息，抱团合作，共享人脉资源、信息资源。掌握信息资源后，可以提前做好国家风险的防范对策，规避国家风险。此外，中国企业与马来西亚华商开展经济合作，更容易达到两国"民心相通"，减少中国企业在马来西亚投资的阻力，降低社会风险的发生，有助于中国企业防范马来西亚国家风险。

第二，寻求风险担保与保险服务转移投资风险。寻求海外投资保险，是目前中国投资企业规避不同国家风险类型较为有效的方式之一。中国出口信用保险公司是我国唯一的官方指定海外投资保险公司，承保的种类包括汇兑限制、政府违约、战争等险种。中国企业可以通过购买中国出口信用保险公司的保险，转移马来西亚潜在的风险。此外，中国企业还可以通过其他的保险公司或第三方担保机构，对风险进行再担保，转移企业部分的国家风险。

第三，利用中国马来西亚商会维护中国企业合法权益。中国马来西亚商会是依法注册成立，被马来西亚当地认可的非营利性社会团体法人，其宗旨在于促进中马两国之间的贸易经济交流。该商会的主要赞助人为马来西亚驻中国大使，当中国企业投资发生风险或者劳动纠纷时，可以寻求商会帮助。此外，中国企业还可以充分利用中国马来西亚商会在马来西亚的凝聚力和号召力，当中国企业在马来西亚遭受反倾销或不平等待遇时，让中国马来西亚商会与当地有关部门进行交涉，积极维护中国企业的合法权益。

第四，通过第三方中介机构提高企业风险防控能力。第三方中介机构是企业权益的保障者，中国企业在马来西亚进行投资时，应充分发挥好第三方中介机构对中国企业投资项目的保护作用。中国企业可以寻求会计师事务所的帮助，通过会计师事务所的投资咨询、风险咨询、财务咨询、审计服务等，做好风险防控，提高应对风险的管理能力。目前，马来西亚国际会计公司是马来西亚规模较大且正规的会计师事务所，在马来西亚投资的中国企业可以向其寻求咨询服务帮助。此外，中国企业还可以通过律师事务所提供的海外投资风险系列服务，提高中国企业的风险防控能力，减少国家风险给中国企业带来的经济损失。

5.1.3 我国对菲律宾投资的国家风险现状分析

随着全球经济的发展与一体化的深入和企业参与国际竞争的现实需要，中国企业在"走出去"的步伐也在逐步加大，而期间面临的风险和威胁也在不断增加。中国企业对东盟地区的区域直接投资存量从2007年的97.3亿美元上升至2017年的1671.9亿美元，而直接投资流量的增长也非常可观，从2007年的32.5亿美元上升至2017年的143.6

亿美元。而菲律宾的外商直接投资净流入在 2007—2017 年的十年间，从 29.19 亿美元攀升至 100.57 亿美元。在两国地区的经济形势有显著提升向好的同时，中国企业在对菲律宾投资的国家风险问题也日益凸显，给中国及中国企业都造成了不小的损失。国家风险指在国际经济活动中，由于国家的主权行为所引起的造成损失的可能性。国家风险与国家主权行为所引起的或与国家社会政策变动有关。投资环境评估不充分、投资主体防范风险经验不足等都是造成风险问题多发的原因。为促进中国与菲律宾两国间的投资往来发展与两国关系稳中向好的局面，需要全面调研中国企业对菲律宾投资的风险特征，评估菲律宾投资的风险，为中国企业对外投资决策提供有效的预警与应对办法。

1. 中国对菲律宾投资的主要国家风险类型

（1）政治风险

学者李福胜在《国家风险：分析、评估、监控》一书中将政治风险定义为"政府的稳定性、社会经济状况、投资环境、内部冲突、外部冲突、腐败、民族宗教等"。如今中国与菲律宾的外交关系又有了新的变化，这使得中国企业在对菲律宾进行投资的影响更错综复杂，面对新的两国关系，重新剖析中菲两国关系显得十分必要。在密切关注与分析当前菲律宾在政治上的动向和态度后，本书认为中国企业在菲律宾投资的主要政治风险有以下方面：

第一，政府稳定性弱，政局动荡带来的政治暴力风险。影响政治风险变化的直接原因是东道国或投资所在国国内政治环境的变化及其对外政治关系的变化，而且是对外国企业和外国投资者不利的变化。对于一国企业在对外投资来说，被投资国的政局情况、动乱风险、政府部门的行政效率高低、政府机构内部廉洁腐败问题等，都是影响别国企业进行投资的重要决定因素，对企业自身的盈利、投资活动等都将产生直接影响。菲律宾政府政局情况动荡。2018 年菲律宾本国出于政治动机的谋杀案件与 2017 年相比翻了一番，2018 年被认定为政治谋杀的案件一共有 38 件，2017 年仅有 19 件，在大选完成的前后数年内，由于菲律宾政局动荡造成的政治事件，削弱了投资国对菲律宾的吸引力，菲律宾政局稳定性比较弱，也会造成巨大的风险和损失。这也对政府的公信力、政务行政效率造成损害，时而出现的政治暴力风险也会给本国企业正常的生产生活、运营管理、销售买卖等造成不小的损害。此外，政局动荡与暴力事件也会对菲律宾本国国人消费热情、社会分工、投资经营等的社会活动上的信心产生影响，不利于中国外资进入和企业对外投资的长期发展。

第二，政府服务效率差，公信力缺失。美国政治风险服务集团发布的评估报告《全球国家风险指南》中指出，腐败、行政效率两项与政府质量有关的内容是评价一国政治风险的主要指标。对中国企业来说，对外投资活动必须接触东道国的政府部门，投资项目的审批、税务、外汇管理问题、海关办事等都需要政府部门的直接参与。而东道国政府部门的行政办事效率、政府廉洁程度对本国对外投资企业的运转都产生直接直观的影响。杜特尔特在南部城市达沃举行的菲律宾和平与秩序委员会相关会议上公布一份涉嫌参与毒品交易的官员名单。菲律宾内政和地方政府部门表示，要以"行为严重失当""妨害公众利益"及"玩忽职守"对这些地方官员提起诉讼。一直以来，菲律宾的毒品问题较为严重，上至政府官员下至平民都有毒品的出现。毒品买卖还可能会出现用毒品受贿行贿、贪污腐败问题，这对政府的公信力会造成严重损害。因毒品泛滥而引发的一连串的社会问题与政府问题，都已经成为阻碍中国企业对菲投资、进行商贸活动的重大障碍，中国企业应保护好自身利益，维护自身安全，避免因菲律宾的政治风险造成巨大损失。

（2）经济风险

经济风险主要指东道国经济形势变化或经济政策调整导致对外投资收益降低的可能性。菲律宾地处东南亚国家，经济基础较为薄弱，市场经济制度、经济法律不够健全，经济结构单一，容易受世界经济低迷和国际经济动向与市场波动的影响。中国企业在菲律宾进行对外投资活动，不可避免地需要使用到菲律宾本国货币进行经济市场活动，而在此当中面临的市场经济风险十分突出。菲律宾统计局公布数据显示，菲律宾的贸易逆差增加了一半，2018 年贸易逆差进一步增长 51%，达到了414.4 亿美元。并且在主权债务问题上，菲律宾政府问题也尤为突出，政府未偿还债务从 2018 年 1 月到 2019 年 1 月的 7.293 万亿比索上升了近 3%，达到了 7.494 万亿比索，同比上年记录高出 11.4%。长时间出现的贸易逆差对菲律宾来说十分严重，而面对只升不减的政府债务，菲律宾国内金融形势较为严峻。菲律宾自身的汇率制度不健全、近段时间的汇率波动幅度较大贸易逆差会加重菲律宾本国的货币贬值；国民收入流出境外，外债增加，流入菲律宾的外汇就会减少，从而导致菲律宾货币汇率下降，最终造成货币贬值，使国家经济表现转弱。在汇率风险与货币贬值风险等多重影响下，中国企业很难利用中国自身的金融经济基础和当地的外汇管理市场、金融市场来对冲汇率风险与货币风险。

（3）社会风险

社会风险是一种导致社会冲突、危及社会稳定和社会秩序的风险，更直接地说，社会风险意味着爆发社会危机的可能性。一旦这种可能性变成了现实性，社会风险就转变成了社会危机，对社会稳定和社会秩序都会造成灾难性的影响。而菲律宾国内政府对"中国威胁论"的观点看法使当地民众和政府官员对中国企业存在一定误解。2018 年，中国国家主席（习近平主席）时隔 13 年对菲律宾进行国事访问，计划就石油和天然气联合勘探制定协议。而针对这一举动，菲律宾多个组织在多地展开大规模游行示威活动，抗议两国即将签署有关南海争议海域的协议。作为资源导向型的"石油""天然气"等的中国企业对外投资行业中，在外国媒体、东道国国内人士的宣传和煽动下，中国企业对包括菲律宾在内的东盟等国的资源类投资被误认为是中国掠夺外国资源的表现，加深了菲律宾当地民众对中国企业的误解。然而在社会环境与保护方面，包括首都马尼拉在内的几个地区当前暴发高传染性的麻疹疫情，2019 年 1 月已有 1813 人感染、26 人死亡，较 2018 年同期增长 74%。菲律宾地处热带，动物、细菌等导致的疾病疫情时有发生，中国企业在对菲律宾展开对外投资、生产经营活动时应注意疫情的发生和感染，避免对企业自身造成人员伤亡和财产损失。

（4）对华关系

两国关系是两国双方行为主体之间关系的总称，包括政治关系、经济关系、民族关系、军事关系、文化关系、宗教关系、地域关系等。两国关系中的经济关系又可以看作是软关系，两国在主权问题等的政治方面又可以看作是硬关系。在菲律宾新任总统杜特尔特上台前，中菲关系一度紧张，特别是南海问题，双方关系一度剑拔弩张。而在杜特尔特上台后，两国关系开始有好转局面，但仍有很多历史遗留问题亟待解决。目前，菲律宾仍旧对中国一贯的经济产业与投资活动中的援助方面保持谨慎态度。菲律宾在接受中国的贷款方面"非常谨慎"。由于"中国威胁论"等历史遗留问题，菲律宾政府对中国的对外投资协助上十分警惕，受此影响，菲律宾在进口监管与项目审核方面会加大监管力度，这对中国企业在资源、社会劳动方面的对外投资活动造成一定影响。菲律宾总统发言人表示："菲律宾应该避免犯下陷入中国所谓的'债务陷阱'，经济管理者正在评估中国政府的各种贷款。"

菲律宾现任总统杜特尔特在对中国的外交上采取亲和的态度，正竭尽全力解冻中菲两国关系。旅游与交流方面，自 2016 年开始，有超过 300 万中国人获准入境菲律宾。在两国放开人员互通往来的措施后，便于中国企业在菲律宾开展人员调动、就业招聘等，为中国企业对外投资的进一步深入提供支持。并且，中国政府对菲律宾的经济交流和灾后援助方面有着开放、协助的态度。在对菲律宾进行国事访问时，习近平主席表示，中国将从菲律宾进口更多货品，还将捐赠 1 万吨大米给受台风"山竹"影响的吕宋居民，并有意向菲律宾招聘更多的英语教师和护士。2018 年 11 月，中国江苏—菲律宾经济特区投资招商座谈会在南京举行，菲律宾方面希望更多的江苏企业家去菲律宾进行投资合作，共同发展。在自然灾害发生时，中国采取的主动交流、主动援助、主动捐赠等态度都对两国关系向好发展有重要推动作用，作为邻近国，积极参与自然灾害的援建工作，对两国今后政治互信、贸易往来有重要促进作用。中菲两国共同建设经济合作平台，在促进中国对外投资的基础上，更有利于中国企业在菲律宾的生产经营，是作为中国企业在海外的有力后盾。

2. 中国企业对菲律宾投资的国家风险评价体系

（1）国家风险评价体系建立原则

国家风险评价指标体系的设计过程要遵循以下原则：

全面性。国家风险评价指标体系的内容应全面地、详细地反映影响国家风险的各项因素，不仅要考核过去的情况，还要考虑未来的发展趋势；不仅要考虑评价对象本身的情况，还要研究外部环境对评价对象产生的影响。

科学性。建立国家风险评价指标体系，各项评价指标协作配合，形成体系。同时，对评价指标的计算要科学，并且有一定的依据。

层次性。评价指标选择应尽可能地从不同层次、不同方位涵盖国家风险的评估因素，以全面真实地反映国家风险水平。

可操作性。所设国家风险评价指标要有资料来源，力求使指标设置在科学完整的基础上简易便行。最后，通过模型对评价指标的计算评判，进而对该国国家风险进行评价。

（2）国家风险评价体系建立

归纳目前菲律宾国内的情况来看，对菲律宾投资的国家风险因素建立的评价指标集如下：国家风险评价模型 $U=\{A1, A2, A3\}$。其中，$A1=\{B1, B2, B3\}$，$A2=\{B5, B6, B7, B8, B9, B10\}$，$A3=\{B11, B12, B13, B14\}$，$A4=\{B15, B16, B17\}$。一级指标中，$A1$ 为政治风险，$A2$ 为经济风险，$A3$ 为社会风险，$A4$ 为对华关系。二级指标中，$B1$ 为政治稳定性，$B2$ 为政府干预，$B3$ 为政府服务，$B4$ 为腐败程度，$B5$ 为经济水平，$B6$ 为主权债务，$B7$ 为市场管制，$B8$ 为失业程度，$B9$ 为社会安全，$B10$ 为开放程度，$B11$ 为基础设施建设，$B12$ 为人文交流，$B13$ 为双边经贸，$B14$ 为政治交流。评价指标集确立以后，邀请对所在国具有从业经验的 10 位专家对评价指标集进行打分。各风险因素的打分上采用百分制评分，并且给出具体数值。本书采用的专家打分是对专家意见进行多项的统计、处理、分析和归纳整理后，客观综合现有的10 位专家经验与主观判断，并且对现有的 10 位专家给出的分数采用技术方法进行定量分析的因素做合理估算；现有的国家风险指标都属于既定的、随时变化的因素，采取其他方法却难以进行定量分析。因此，我们采用专家打分法进行定量分析。

表 5-7 给出了具体的专家打分数值，得分越高的指标代表该专家认为指标对应的国家风险较小，中国企业在该国进行对外投资的国家风险小。

表 5-7 专家打分法对各级指标评价体系的具体评分

一级指标	二级指标	1	2	3	4	5	6	7	8	9	10
政治风险	政治稳定性	88	76	85	90	82	79	86	92	80	88
	政府干预	45	50	49	55	60	58	44	49	51	55
	政府服务	40	49	50	43	48	53	44	46	51	48
	腐败程度	33	45	44	48	37	36	38	40	42	39
经济风险	经济水平	60	69	54	58	61	44	48	55	52	61
	主权债务	30	40	29	33	40	38	37	41	32	34
	市场管制	55	55	48	49	54	57	57	48	48	49
	失业程度	34	30	39	38	38	39	40	32	35	47
社会风险	社会安全	22	20	19	22	24	24	25	24	19	20
	开放程度	48	50	47	55	58	55	49	47	49	50
	基础设施建设	66	69	66	67	70	68	66	64	61	62
对华关系	人文交流	70	79	68	66	71	72	71	73	66	69
	双边经贸	77	79	77	78	78	80	75	75	72	71
	政治交流	80	80	79	78	82	78	85	79	81	77

注：一共 10 位专家打分。

在表 5-7 中能具体看出，各个专家都对政治风险中的政治稳定性打分较高，都认为菲律宾当前的国家政权现状较好，这也得益于近年菲律宾选举换届上新总统杜特尔特强劲的治理国内问题的手段，在打击毒品泛滥、国内动乱暴力上都采取武力解决，并且重视菲律宾在国际上的形象，也重视中菲两国关系，在政治上交流频繁，政府官员多次会见中国国家主席、中国外交部部长和中国国家副主席等；菲律宾在两国政治关系上的积极进取也对中菲两国企业往来打下坚实基础，这也就使得二级指标中的中菲关系政治交流一项得到了专家们的一致高分。在表 5-7 中，二级指标的"社会安全"一项平均得分只有 21.9 分。这是因为专家们大多了解到菲律宾境内还有在野党渲染分裂情绪，反政府武装和破坏当前政局的活动时有发生，这对菲律宾民众的人身安全、财产损失和菲律宾境内环境破坏都会造成一定影响，菲律宾境内动荡还需要一定时间来改善。表 5-7 中总体指标在各专家打分后，统计得出各个专家平均分为 54.97 分，可以看出专家对中国企业在菲律宾进行投资的国家风险保持中立态度，没有过于极端的分值出现。

（3）国家风险实证分析

第一，国家风险的定性定量方法、流程与建模标准设定。

由于专家打分在对中国企业对菲律宾进行投资的评价带有一定的主观性和差异性，为了更进一步研究此次专家评分的合理性和指标选取解释度，我们继续采用主成分分析和因子分析相结合的方法，通过运用数理模型进行专家评分合理性的研究，探求中国企业在菲律宾进行投资的国家风险现状的高低程度，对菲律宾现状的国家风险进行实证分析，进而得出当前对菲律宾投资的国家风险更为合理地评价研究。

在研究其合理性的数理模型方面，由于国家风险涉及政治风险、经济风险等多个风险类别指标，风险判定指标较多，当前菲律宾本国形势复杂多变需要分类分时详细讨论，才能准确评析对菲律宾投资的国家风险。针对上述问题，我们采用 SPSS 统计学模型软件，在 SPSS 上采取主成分分析法与因子分析法进行实证分析。因子分析法以最少丢失的信息为前提条件，将所有变量按照相关性综合成多个综合因子进行分析，且因子之间的线性关系并不显著，具有良好的解释功能。依据因子分析理论和步骤来看，首先最重要的是考察各个风险指标之间是否存在较强相关性以及各个专家的评分之间是否存在较强的相关性，经过数理模型分析得出各综合因子得分，再结合表5-7中各个专家对主要因子的评分数值，最后根据得分评估对菲律宾投资的国家风险大小。在评估国家风险时，将变量做逆向化处理之后，利用因子综合得分公式，计算菲律宾各个国家风险指标的因子得分，再按照因子综合得分将菲律宾各个国家风险指标进行排序，排名越靠前面的表明该风险指标越小。而在各个指标中有的与国家风险呈正相关关系，也有的呈负相关关系，因此我们对正向变量进行逆向化处理，评分变量值越大表明国家风险越小，最终综合各因子包含的指标的解释率与积累特征值，探究各因子的风险水平。

第二，建模探究与检验解释

在对表5-7进行建模分析之后，首先得出表5-8：以10名专家打分数据的样本数据为分析样本，作为原始计量的矩阵，运用SPSS软件计算得出指标变量的相关系数矩阵。

根据风险因子解释的总方差表格和碎石图，提取5个主因子，5个公因子的累计方差贡献率接近84%，能够较好地代表所有风险衡量指标。将因子载荷矩阵进行旋转之后（见图5-2），5个因子的含义比较明确，可以得出以下推论：

第一个属于社会开放程度指标、基础设施建设指标和中菲两国双边经贸指标三个指标相结合的因子。一国开放程度也将影响该国与别国的经济往来，两国之间建立合作企业、产业建设中基础设施互助建设或者进驻双方国家进行海外投资建设也是双边经贸交流的方式。一国在政治、经济和社会方面的对外开放都将促进政治民主化、市场化和社会国际化。

第二个属于政府腐败程度指标、经济水平指标、市场管制指标和中菲两国政治交流指标四个指标相结合的因子；第五个属于政治稳定性指标、政府服务指标相结合的因子。第二个因子和第五个因子都代表一国政府政权稳定、政府执政效率、政治往来、民主化进程和经济波动。这些因子将会影响带来的一连串反应，也在制约社会的运作，如政治政

表 5-8　公因子方差

Zscore（VAR00001）	1.000	0.945
Zscore（VAR00002）	1.000	0.966
Zscore（VAR00003）	1.000	0.946
Zscore（VAR00004）	1.000	0.571
Zscore（VAR00005）	1.000	0.678
Zscore（VAR00006）	1.000	0.960
Zscore（VAR00007）	1.000	0.866
Zscore（VAR00008）	1.000	0.665
Zscore（VAR00009）	1.000	0.941
Zscore（VAR00010）	1.000	0.900
Zscore（VAR00011）	1.000	0.948
Zscore（VAR00012）	1.000	0.908
Zscore（VAR00013）	1.000	0.868
Zscore（VAR00014）	1.000	0.584

注：提取方法为主成分分析法。

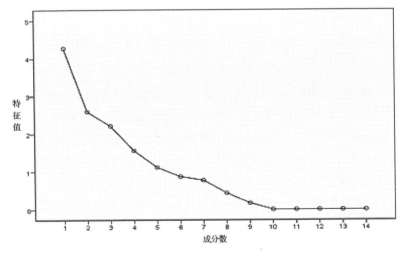

图 5-2　碎石图

权的稳定、政策实行与贯彻的效果和对企业建设与经营带来的影响，政务办理、规章制度和经营与发展中税务问题、报关报检、海关检查等，政治的综合影响带来的经济因素、社会因素的变化反过来又会影响到政权发展和政府工作的运行。

第三个属于政府干预指标、失业程度指标相结合的因子。一般情况下，政府可以通过政策手段与中央调控手段进行一系列举措来达到控制失业率，如通过发展产业建设、鼓励企业扩大建设生产等来增加就业率，降低失业率，创造更多的工作岗位；失业人口的减少也相应地会对社会安全、人口素质提高及降低犯罪率等的负面社会因素进行优化。

第四个属于主权债务指标和中菲两国人文交流指标相结合的因子。一国在经济方面采取向别国或者国际性组织进行贷款时，也就发生了与别国在经济方面的交流往来，在进行国际信贷时，一国信用较好也就促进了该国与别国的经济互信程度，进而发生多方面多产业多次数的合作，如经济合作中基础设施建设，政治合作中如建立同盟或交流伙伴，人文方面如共建文化基地、参加节日活动等。

根据各个指标的累计方差贡献率基本大于 83%，可见能够较好地代表所有风险衡量指标。最后，根据因子得分系数矩阵，评估出菲律宾投资的国家风险的指标因子的解释率情况（见表 5-9 至表 5-12）。

表 5-9　总方差解释

成分	初始特征值			提取载荷平方和			旋转载荷平方和		
	总计	方差百分比	累积%	总计	方差百分比	累积%	总计	方差百分比	累积%
1. 社会开放程度、基础设施建设、双边经贸	4.269	30.494	30.494	4.269	30.494	30.494	2.915	20.821	20.821
2. 腐败程度、经济水平、市场管制、政治交流	2.592	18.511	49.005	2.592	18.511	49.005	2.417	17.262	38.083

成分	初始特征值			提取载荷平方和			旋转载荷平方和		
	总计	方差百分比	累积%	总计	方差百分比	累积%	总计	方差百分比	累积%
3. 政府干预、失业程度	2.213	15.807	64.812	2.213	15.807	64.812	2.330	16.640	54.723
4. 主权债务、人文交流	1.557	11.123	75.935	1.557	11.123	75.935	2.167	15.476	70.199
5. 政治稳定性、政府服务	1.115	7.967	83.902	1.115	7.967	83.902	1.918	13.703	83.902

表 5-10　旋转后的成分矩阵

	成分				
	1	2	3	4	5
Zscore（VAR00001）	−0.370	−0.013	0.053	−0.146	−0.885
Zscore（VAR00002）	0.155	−0.147	0.924	0.087	0.242
Zscore（VAR00003）	−0.164	−0.061	0.339	0.094	0.890
Zscore（VAR00004）	0.019	−0.744	0.009	−0.080	0.100
Zscore（VAR00005）	0.194	−0.679	−0.145	0.347	−0.196
Zscore（VAR00006）	0.124	0.209	0.245	0.914	0.070
Zscore（VAR00007）	0.622	0.626	−0.117	0.234	0.136
Zscore（VAR00008）	−0.337	0.243	0.556	−0.426	−0.050
Zscore（VAR00009）	0.266	0.717	0.235	0.378	−0.398
Zscore（VAR00010）	0.528	0.102	0.778	0.052	0.056
Zscore（VAR00011）	0.923	0.059	0.156	0.262	0.009
Zscore（VAR00012）	0.326	−0.004	−0.262	0.831	0.206

	成分				
	1	2	3	4	5
Zscore（VAR00013）	0.915	−0.015	0.090	0.135	0.069
Zscore（VAR00014）	0.172	0.594	−0.439	0.088	0.028

注：提取方法为主成分分析法。旋转方法为凯撒正态化最大方差法。

表 5−11　成分得分系数矩阵

	成分				
	1	2	3	4	5
Zscore（VAR00001）	−0.110	−0.033	0.118	0.077	−0.480
Zscore（VAR00002）	−0.015	−0.072	0.397	0.068	0.033
Zscore（VAR00003）	−0.165	0.038	0.096	0.070	0.469
Zscore（VAR00004）	0.083	−0.321	−0.005	−0.032	0.010
Zscore（VAR00005）	0.068	−0.343	−0.032	0.204	−0.177
Zscore（VAR00006）	−.232	0.046	0.160	0.562	−0.038
Zscore（VAR00007）	0.200	0.232	−0.100	−0.068	0.088
Zscore（VAR00008）	−0.105	0.143	0.250	−0.150	−0.016
Zscore（VAR00009）	−0.028	0.253	0.143	0.185	−0.234
Zscore（VAR00010）	0.180	0.001	0.314	−0.068	−0.055
Zscore（VAR00011）	0.368	−0.054	0.021	−0.081	−0.061
Zscore（VAR00012）	−0.061	−0.046	−0.102	0.416	0.066
Zscore（VAR00013）	0.408	−0.076	−0.023	−0.167	−0.017
Zscore（VAR00014）	0.048	0.253	−0.215	−0.051	0.081

注：提取方法为主成分分析法。旋转方法为凯撒正态化最大方差法。

表 5-12　因子得分表

	f1	f2	f3	f4	f5	F（总因子得分）
第一	0.6595	0.35521	−1.26671	−0.69737	−1.17253	−0.124161905
第二	1.02389	−1.27407	−1.04285	1.51734	1.02146	0.191956128
第三	0.02733	−0.76554	−0.49712	−1.3446	0.56969	−0.377238067
第四	0.78437	−1.14329	0.93177	−0.88534	−1.29835	−0.032956661
第五	0.94969	0.42914	1.26017	0.60651	−0.06783	0.751477089
第六	0.65261	1.12824	1.20895	0.00162	1.23524	0.832054075
第七	−0.06363	1.92519	−0.92617	−0.02699	−0.37138	0.18943714
第八	−1.1741	−0.11418	−0.18465	1.62562	−1.0361	−0.369644351
第九	−1.20449	−0.13848	−0.48925	−0.77979	1.33537	−0.537154436
第十	−1.65517	−0.40221	1.00586	−0.01699	−0.21559	−0.523767372
解释率	0.363447	0.221222	0.188398	0.132571	0.094956	

根据因子得分，可以得出各因子对国家风险因素的解释率，第一个因子解释了约 36.34%，第二个因子解释了约 22.12%，第三个因子解释了约 18.84%，第四个因子解释了约 13.26%，第五个因子解释了约 9.5%。五个主成分因子的解释率一共为 100%，可以得出五个因子都能很好地解释出对菲律宾投资的国家风险。

（4）分析结论

本书把对菲律宾投资的国家风险分成四个维度进行分析，分别从政治风险、经济风险、社会风险和对华关系四个分项维度构建指标体系评估中国企业对菲律宾投资的国家风险，得出结论。五个主要因子都包含着经济、政治、社会和对华关系的主要国家风险指标。在中国企业对菲律宾投资的国家风险中，政治因素和经济因素的风险比重偏高，并且社会风险和对华关系也是最为直观的风险因素。

3.中国企业投资菲律宾的国家风险防范建议

（1）加强对菲律宾国内政治形势认识，建立风险量化与管理体系

中国企业在对菲律宾进行投资时要着重考察菲律宾当前政治政局情况，近年菲律宾刚刚完成换届选举，新总统杜特尔特上任。菲律宾积极参与中菲两国的政治合作交流对改善两国之前剑拔弩张的政治局面大有希望。而在两国关系最为关键的"南海问题"上，近日菲律宾也采取了缓和的外交态度。国家领土问题是一国国家主权最为根本的问题，每个国家的领土不容许他国挑衅和侵犯。中国政府立足于"一带一路"的政策优势，积极与菲律宾进行政治互通，为中国企业对菲律宾投资创造投资机会与投资便利。今后菲律宾在南海问题上的态度对中国企业来说是必须要时刻跟进了解的重点。在政治风险上，中国企业应对当前发生的两国政治往来进行量化分析，建立风险量化与管理体系，采用统计、计量与预测模型更为直观地研究未来风险趋势。国家风险预警是指，对企业跨国经营过程中可能遭遇的风险因素所能造成的损失进行评估、分析和预报，为一国企业国际化经营的决策和顺利运行提供客观参考。真正认识对菲律宾投资的政治风险，也只有在深刻了解中菲两国交流的政治风险上，企业才能更好地采取进一步措施应对已发生和将要发生的国家风险，在面对尖锐的"南海问题"上，中国企业应主动推动双边交流，坚持中国主权权益和领土完整，以祖国为中心，寻求与菲律宾的合作对话，化解矛盾，求同存异。

（2）增强经济预警机制密切注意菲律宾经济负债和通货膨胀

在经济风险问题上，通过加强中国与菲律宾的经济合作，减少中国企业在菲律宾进行直接投资的宏观经济风险。菲律宾政府的主权债务在不断提高，菲律宾的国内通货膨胀问题也不容忽视，中国企业在投资基础设施建设的同时，也要时刻关注菲律宾国内经济的稳定性、通货膨胀增高带来的汇率风险经济问题，中国国内的金融机构也应积极帮助在菲律宾进行投资的企业，帮助其合理规避有可能出现和已经遇到的经济金融问题，中国政府建立对海外企业的经济援助机制，帮助企业更好地在当地建设发展并规避政治与经济问题。中国企业和中国政府积极推动人民币在菲律宾的使用率，通过推动人民币国际化进程最终实现菲律宾

货币与人民币的自由兑换，也有利于降低中国企业在投资过程中面临的经济风险。

（3）积极建设良好企业形象，推动中菲两国关系友好互助

中国企业在进行对外投资时代表的都是国家形象，中国企业进行投资时应该树立高度责任感，把企业自身的利益与社会责任与国家责任相结合。在进行投资时考虑对当地的社会环境、社会安全造成的影响，在企业活动和发展中自觉履行社会责任，积极参与当地公共公益事业，同时在企业经营与管理上加强对企业的形象宣传，消除民众对中国企业的误解和矛盾。面对出现的社会问题中国企业积极与菲律宾当地企业开展合作交流，把产品质量与服务放在首位，以质量和服务为中心，避免恶性竞争，发挥良好的示范效应和态度立场效应，利于更多的中国企业在菲律宾开展经营投资活动，积极雇用当地民众，减少失业率和提高人口素质，增强中国企业和当地民众的联系，从而减小中国企业面临的社会风险，增加中菲两国的关系友好发展。

5.1.4 我国对印度尼西亚投资的国家风险现状分析

我国"走出去"战略在"一带一路"倡议的框架下得到不断的实施，促进了我国企业跨国经营的迅速发展，从而使得国家风险越来越多地引起了政府、专家学者以及社会各阶层的广泛关注。然而对外投资经验有限的中国企业在"走出去"的道路上遭受了巨大损失，其中最主要的原因就是中国企业对投资国的国家风险复杂性不是很敏感。同时，党的十八大报告着重强调，维护和扩大中国海外安全利益是极其重要的，并在报告的第一部分内容明确指出"要坚定维护国家利益和我国公民、法人在海外合法权益"。

近年来，印尼是国际直接投资的热门地区，也是"一带一路"倡议的关键节点之一。然而，随着中国企业在印尼投资的规模和数量不断增长的同时，所面临的国家风险也在持续地上升，此时对国家风险进行管理就显得尤为重要。尽管印尼投资前景乐观，但小规模的风险损失时有发生，而且其国内环境存在一些不稳定因素，如政治风险、经济风险、社会风险和事件风险等问题对中国企业在印尼的投资带来了不可预测的

风险，鉴于此，为确保实现投资收入和经营目标，中国企业应充分了解印尼存在的国家风险，并采取相应的措施予以避免，是当前亟待解决的问题。

1. 中国企业对印度尼西亚投资的国家风险现状

（1）基本概念界定

在对外投资的过程中，跨国企业所面临的风险主要可划分为三类：第一类是与企业自身相关的经营风险，第二类是与市场有关的商业风险，第三类是与东道国的当局主权行为及其整体社会环境相关的国家风险。本书主要针对国家风险进行展开论述。

国家风险是指由东道国当局主权行为及其整体社会环境相关的风险，其范围涵盖一个国家的政治、经济、社会文化以及突发事件等方面相关的各种风险。

其中，对外投资国家风险是指跨国企业在对外投资过程中由于东道国政府的控制使得跨国投资方遭受经济利益损失的可能性，可分为政治风险、经济风险、社会风险和事件风险这四大类，如表5-13所示。

表5-13　对外投资国家风险的具体分类

政治风险	经济风险	社会风险	事件风险
与东道国政府行为有着直接联系或者东道国政策和法律发生了难以预料的重大变动从而导致投资方的利润或经营目标无法持续的可能性	指由于东道国经济环境运行的不确定，使得跨国公司对外投资遭受损失的可能性	指外国投资者由于东道国宗教信仰、文化以及社会环境等方面的差别，复杂和不确定性使得跨国公司遭受经济损失的可能性	指由于东道国政府或其国内引起的、事先没有料到的突发事件，使得跨国企业遭受经济利益损失的可能性

资料来源：根据中国海外投资国家风险评级（2018）、各类文献整理。

（2）中国对印度尼西亚投资主要的政治风险

第一，贪污腐败。腐败不仅是对国家政治稳定的严重威胁，也是阻碍外资进来促进经济发展的拦路虎。在印尼，上至总统下到平民在经历了苏哈托政府长达32年的军事独裁统治后，早已形成了一个庞大的、盘根错节的官僚腐败体系，蔓延到该国的所有部门，包括立法、司法、行政乃至私营部门，贪污腐败文化俨然成为制约印尼经济和社会发展的重要因素。值得关注的是，2004 年，苏门答腊省查获了一起大规模的集体腐败案，该省共有 55 名议员，其中就有 78% 的成员涉嫌贪污，包括议长、两名副议长在内共贪污了省预算中的 64 亿印尼盾。此外，印尼腐败观察组织（ICW）的调查结果显示，2015—2018 年，平均每年受理 500 多起的贪污腐败案件，国家每年损失平均高达约 4175.5 亿印尼盾，而平均每个月就要受理多达 42 起的腐败案件，平均每天就有 3 人因腐败被查，如图 5-3 所示。

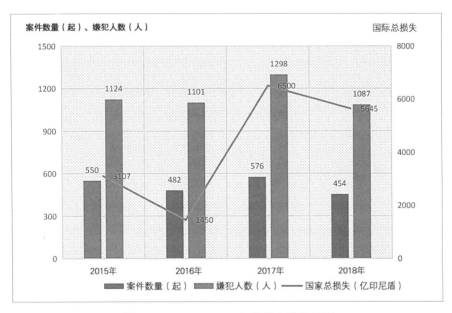

图 5-3　2015—2018 年印尼腐败趋势图

资料来源：2018 年印尼腐败趋势报告。

佐科政府上台以后，虽然政治方面存在一定程度上的冲突，但国内外局势基本稳定。新政府积极推行政治改革，特别是针对贪污腐败的治理，颁布了新的法规。无论是受贿罪，还是行贿罪都会受到法律制裁，然而并没有就此从源头斩断腐败的根源。在国家清廉指数排名中，评分越高，排名越靠前，政治腐败的程度也就越低，所以在对外投资过程中，跨国公司在该国所面临的政治风险也相对越低。按照统计数据可知，印尼的全球清廉指数始终处在 32~38 区间，表明印尼依然是全球腐败问题最为严重的国家之一，如图 5-4 所示。这种腐败的现象直接导致了政府行政服务效率的低下，投资程序会人为性的变得复杂，从而导致印尼投资环境的恶化，阻止外国投资者向印尼投资的步伐。

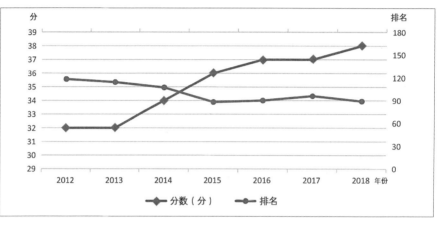

图 5-4 2012—2018 年印尼政府清廉指数图

资料来源：根据国际透明组织整理得出。

第二，官僚作风。印尼经济统筹部部长纳苏蒂安指出投资行业停滞不前的主要原因之一就是印尼错综复杂的官僚机构，印尼的行政效率低下，审批程序复杂，法制环境的不确定性以及索贿行为的理所当然，使得很多商人更愿意从事进口而非投资行业。另外，经调查显示，大多外国投资者一致认同印尼地方条规繁多、互相重叠并且旧式官僚模式在投资审批程序中普遍存在，从而给外国投资者留下有意刁难的印象，这不仅无形增加了投资者的成本，而且阻碍了外商的投资热情。此外，印尼目前仍然是世界上政府服务质量偏低的国家之一，中国海外投资国家风险评级（CROIC-IWEP）通过将政府有效性由 -2.5~2.5 的量化评分来判断一国政府有效性的程度，评分越高，政府有效性越强；反之则反，如图 5-5 所示。

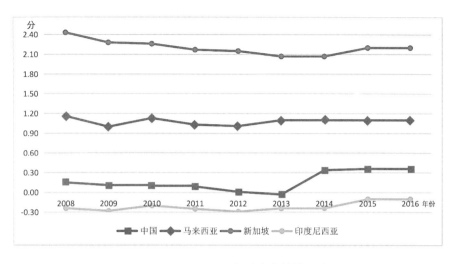

图 5-5　2008—2018 年政府有效性评分图

资料来源：《2018 年中国海外投资国家风险评级报告》。

印尼政府有效性排名虽然呈不断缓慢上升的趋势，但其分数却始终处于 −0.29~−0.1 区间。由此可以看出，印尼目前仍然是一个工作节奏慢、投资项目审批时间长以及收费环节多等服务质量较低的政府，官僚作风严重干扰了中国企业对印尼投资的发展进程。

第三，政策不稳定性。一个国家经济的长期稳定发展离不开其政策法规的稳定，而东道国当局颁布的政策或法令条例经常性的变动是造成跨国公司投资受挫的主要原因之一。这些政策频繁地修改导致法规条例缺乏连续性，甚至出现印尼法律的制定和执行经常前后不一致的情况，随意性很大，极易导致政府违约情况的发生。此外，印尼政府有关工人薪资的法规和是否发放开发泥炭地许可证的政策规定也在不断地变动。在工人薪资问题上，2015 年出台的政府条例法规定：将工人工资上调10%，但由于工人担心工资只提高 10% 会导致其生活水平的下降，因此来自全国 40 个工联的 5 万名工人聚集在莫纳斯特广场进行大规模示威活动，迫使政府大幅抬高最低工资标准。在停止发放开发泥炭地许可证方面，佐科政府出于防止森林火灾问题的考虑，禁止发放泥炭地开发许可证，并取消了还没有开业的旧准字，这种临时性、突发性政策条例的变动在一定程度上严重造成外国投资者的经济损失。由此可知，东道国政府出台的政策或法规频繁变化一方面可能会刺激社会不稳定因素的增长；另一方面也许会导致跨国公司金融投资回收期的延缓，甚至造成血本无归的可能，从而打击投资者的投资热情和信心。

第四，对华关系。众所周知，印尼能够在2014年跻身世界十大经济体、东盟最大经济体，这些成就都离不开印尼华人为印尼社会发展所做出的贡献，他们在印尼国民经济中所起的作用是不容忽视的，然而印尼却是世界上排华倾向最严重、排华次数最多的国家之一。此外，印尼华人一直被政府列为"二等公民"，并且曾在法律法规中给当地华人华侨扣上侮辱性的称呼——"支那"，该规定直到2014年才被废除。印尼的排华情绪并非短期内形成的，而是由于历史原因、贫富差距、文化误解等缘由所造成，在特定的情况下经过某些极端种族主义者或是谋求政治上利益的政客煽动民众从而造成了一次又一次的屠杀华人的惨剧，如表5-14所示。

表5-14　历年印度尼西亚典型排华事件大汇总

时间	地点	排华事件	后果
1740 年 10 月	巴达维亚	红溪惨案	10000 多名华人遇害
1945 年 11 月—1947 年 1 月	印尼多地	泗水惨案、万隆惨案、巨港惨案等诸多惨案	华人店铺、住所遭到烧毁或洗劫，死伤不计其数
1952—1959 年	印尼全境	法律规定排华合法化	在经济领域实施排华政策
1965—1967 年	印尼全境	"9·30"事件	50 多万华人惨遭杀害，中国大使馆遭到 43 次袭击
1974 年	雅加达	由反日运动引起排华骚乱	华人商店、工厂遭打砸抢
1998 年 5 月	印尼全境	黑色"五月风暴"	超过 5000 家华人店铺、住所被焚烧摧毁，1250 多人遭杀害
1999 年	棉兰、万隆	排华骚乱	当地华人几十多辆卡车、数十艘渔船以及一家纺织厂被焚烧摧毁，5000 多吨货物遭抢劫
2016 年 11 月	雅加达	"11·4"事件针对华裔省长钟万学的 10 万人大规模示威	两辆警车被点燃，三名警察被砸伤

资料来源：根据中新网、凤凰网整理。

虽然中国与印尼政府的关系日渐友好，但是仍有一部分别有用心的极端分子势力和民众在不断地对中国以及中国在印尼投资的企业进行不同方式的"丑化"，不断煽动舆论力量，目的是引起群体性、大范围的排华情绪。即便在今天，印尼的民主得到极大发展，但每年都会时不时地出现歧视、排斥华人的现象以及不同程度的排华流血事件。譬如，在经济上印尼政府仍然或多或少存在着打压华人的政策，给予印尼原住民超过华人的优惠政策以扶植其经济，其目的是与华人竞争，这势必会增加中资企业的运营成本，与印尼本土企业相比产品定价可能相对较高，价格上处于劣势地位。由此可见，排华风险不仅加大了中国企业对印尼的投资风险，还对华人的生命安全构成巨大威胁，这在一定程度上加剧了中国企业对印尼投资的阻力。

（3）中国对印度尼西亚投资主要的经济风险

第一，收入分配差距。自从佐科 2014 年走马上任以来，印尼经济增长总体向好，通过实行紧缩性的货币和财政政策，通货膨胀率降至过去十年的最低水平，然而，印尼整体经济增速缓慢的同时外需疲弱，使得整个经济发展处于低迷状态，但失业人数比率处在可控范围内，为 5.15%，是印尼 20 年以来最好的成绩。此外，印尼在过去 20 年中经济增长虽然强劲，但贫富差距、收入分配差距等问题越来越明显。2017年国际慈善机构乐施会发布的一项调查显示，印尼社会收入分配十分不均衡，差距非常大，全国 1 亿多贫民的财产总和远远低于该国四大富豪所拥有的资产，其中日收入低于 23.3 元人民币的贫困人口就有 9300 多万人。消费是拉动印尼经济增长的主要动力，人民的收入不高势必会减少消费，从而影响外资企业的收入，严重的话，可能会导致贫苦民众游行反抗。由此看来，如果印尼当局不解决贫富差距和收入分配差距的问题，社会矛盾将变得更加突出且尖锐，这也是外国投资者在印尼投资经营不得不面对的国家风险之一。

第二，税收体系。由于印尼的税收制度仍处于改革过程中，税收费用类型复杂繁多且无统一纳税等级标准，外加关税水平较高且税率还会根据政府所需发生经常性变动，这对跨国企业构成了很大的不确定性。

通过表 5-15 可以直观地看出，印尼是东盟国家税负最重的国家之一。此外，税负排名能为中国企业对印尼投资提供税收风险预警，《2019年营商环境指数》报告中的缴纳税款指标显示，在 190 个国家中印尼排在第 112 位，属于营商缴税较多的国家，印尼的高税收俨然成为中国企业对印尼投资面临的主要国家风险之一。

表 5-15　2018 年东南亚 10 国税收水平比较

税种税率（%）	菲律宾	印度尼西亚	老挝	越南	柬埔寨	马来西亚	泰国	缅甸	新加坡	文莱
增值税	12	10	10	10	10	6	7	0	7	0
企业所得税	30	25	24	20	20	24	20	25	17	18.5
总计	42	35	34	30	30	30	27	25	24	18.5

资料来源：全球经济指标数据网 2018 年全球增值税 VAT 税率表（缅甸和文莱无增值税，但缅甸有商品和服务税税率为 5%）。

第三，资源国有化风险。印尼正积极吸引国际投资来发展经济，直接征收和公开国有化的风险已大大降低，为确保各国投资者的信心，颁布了《外国资本投资法》，规定政府不能对外国投资实行国有化，并且要遵循国际法中的赔偿原则。然而，这一规定在 2012 年却发生了变化，印度尼西亚能源和矿产资源部网站宣布，投资矿产、煤炭项目的外国公司只能持有不高于 49% 的公司股份，从而达到限制跨国企业对于矿产、煤炭等资源利用的目的，这在一定程度上加剧了中资企业投资印尼的国家风险。

第四，市场管制。习近平主席于 2013 年出访印尼时提出 21 世纪"海上丝绸之路"的伟大倡议，此后中国对印尼的投资不断增加，两国经济关系越来越密切，但中资企业不能为此放松对印尼市场管制方面的调研。虽然印尼正大力吸引国际投资，但也不能排除存在投资壁垒和市场管制等现象，因为印尼政府可能会通过这样的措施来提高本土公司的竞争力，扩大他们的市场份额。如在投资准入方面，印尼当局对某些领域实行完全封闭或仅允许以合资方式进行合作，且必须由印尼控股，其目的在于禁止或限制外商在该领域的投资，主要体现在：在石油、天然气勘探和其他与航海业有关的生产活动方面，印尼当局仅批准少数几种类型的外国船舶从事此行业，外国运营者想要获得内陆航运业资格，唯有通过与印尼当地的公司建立合资企业的方式才能进入航海业；在冷藏、仓储和配送行业方面，外国投资者原本可以对公司进行百分之百控股，而如今只能拥有公司 33% 的股权。此外，2014 年印尼实施了非本国居民不能独立拥有小型企业所有权的法律规定，一旦东道国实施这方面的市场监管，通常会对跨国企业的生产经营活动产生重大影响。为避免此类投资风险，中国公司应全面熟悉关于印尼投资的法律法规或聘请当地律师作为顾问，最好选择该国鼓励且不受限制的行业进行投资。

（4）中国对印度尼西亚投资主要的社会风险

印尼是东南亚人口最多的国家，该国民族、宗教以及文化较为多元复杂，又因其受荷兰长达 300 年的殖民化，所以印尼的整体社会环境脱离了传统的简单固定模式，而是被更为复杂，变化更为迅速，更令人难以琢磨的政治、经济和社会环境所取代，其中，社会因素变化引发的社会风险已成为中国企业投资印尼面临的主要国家风险。

第一，社会文化教育水平。作为一个多元文化交织在一起的复杂社会，被印尼当局承认的民族就有 300 多个，民族语言超过 200 多种，合法宗教有 6 个之多。因其地理原因，岛屿众多且分散，整个国家难以管理，教育水平整体不高，国民素质较低，其中，学历教育是教育水平一个最基本的参数，能反映出收入水平与人口素质的相关性。

而印尼成人的小学、初中、高中学历所占比例分别为 74%、43% 和 27%，说明在过去相当长的时间里，印尼的教育资源是比较匮乏的，受过高中教育的人口比例较低。没有受过高中的教育，基本就不具备自主学习的能力，更不用说整体国家思想开放程度、素质水平以及环境保护意识会有多高（见表 5-16）。此外，自从 1908 印尼民族意识觉醒后，民族主义的独立和国家统一的需要，使得印尼对任何形式的外来文化都抱有一定程度的警惕和戒备，一旦外来文化有可能颠覆印尼主流文化的地位，甚至会采取暴力方式对其排斥。可见，印尼文化的包容性较低，同时具有浓厚的民族主义和排外文化的特性（见表5-17），这在一定程度上加剧了中国企业在印尼投资的国家风险。因此，中资企业在对印尼投资的过程中要采取属地化策略，争取获得当地政府和人民的支持，防止引起民众的反感与排斥。

表5-16　2017年不同收入水平国家成人学历所占总人口比例

国家类别	小学学历（％）	初中学历（％）	高中学历（％）
发达国家	大于92	大于80	大于65
中高收入国家	大于80	大于60	小于50
中低收入国家	大于65	大约50	大约35
低收入国家	35左右	小于20	小于10

资料来源：2017年世界主要国家教育水平对比。

表5-17　21世纪以来印度尼西亚恐怖主义事件大汇总

时间	事件	后果
2000年12月	基督教堂遭伪装成礼物的炸弹袭击	19人遇害，多人受伤
2002年10月	炸弹攻击巴厘岛夜店	202人遇害身亡，330人受伤
2004年9月	炸弹攻击雅加达澳大利亚驻使馆	10人被炸死，180人受伤
2005年5月	炸弹袭击丁直那镇	22人被炸死
2005年10月	巴厘岛发生爆炸事件	20人遇害
2009年7月	雅加达万豪（JW Marriott）和丽思卡尔顿（Ritz-Carlton）酒店发生连环爆炸恐怖袭击	7人死亡，40多人受伤
2016年1月	雅加达发生爆炸案	7人死亡，19人受伤
2017年5月	万隆和雅加达发生恐怖袭击	3人死亡，10人受伤
2018年5月	第二大城市泗水市发生多起恐怖爆炸事件	至少11人死亡，50多人受伤

资料来源：印尼历年恐袭与重要反恐事件，联合早报。

第二，恐怖主义活动。作为世界上穆斯林人口众多的国家，印尼存在着一些极端主义的宗教恐怖分子，尽管人数不多，但组织较为严密，破坏力较强，倘若印尼当局对此不加以控制，那么必然会导致各方矛盾激化、恐怖主义肆意蔓延，进一步加剧社会局势的混乱，并对中国企业的财产安全构成了巨大威胁。2018 年《全球恐怖主义指数》表明，印尼排名第 42，是一个受恐怖主义活动影响比较严重的国家。同时，2018 年世界安全城市指数对 190 个城市进行调查并排名，根据结果显示印尼首都雅加达排在第 103 名，安全指标仅为 56%，其中最令投资者感到担忧的便是印尼社会的治安问题。

国内安全形势是影响中国企业在印尼投资的重要因素。为此中国企业在印尼进行投资活动时应时刻警惕该国恐怖主义活动，做好反恐工作，确保双方合作项目有序、稳定、安全地进行。

第三，街头示威抗议。自从 2004 年印尼开始实行总统直选制度后，在民主理念愈加深入民心的背景下，越来越多的民众以要求民主、改善人民的生活为诉求纷纷走上街头进行游行抗议，这些游行示威活动一旦涉及贪污腐败和民生问题，通常都会引发社会治安的不稳定，从而街头政治已逐渐成为印尼社会的普遍现象。纵使印尼人民希望通过街头示威这种方式来要求民主、改善民生，但印尼的民主问责制度并不完善，政府对民众诉求的回应程度并不高。所谓的民主问责是指政府对民众诉求的回应，通过由 0~6 的量化评分来判断一国政府对民众诉求的回应程度，分数越高，民主问责越弱；反之则反，具体数据见图 5–6 所示。

通过对东盟几个国家进行比较可以看出，印尼的民主问责分数最高，由此得知相关的民主问责制度并不完善，民众诉求得不到有效回应，势必会引起人民的不满，街头示威活动也会随之增加。

导致街头政治成为印尼社会中的普遍现象是由诸多原因交错形成的，其中最主要的原因是印尼在经历了苏哈托长达 32 年的军事独裁统治过程中，整个社会形成了一个庞大的官僚腐败体系，一旦涉及严重的贪污腐败和惠民民生领域方面，很可能引起民愤，在印尼人民群众的诉求得不到有效解决时，往往只能通过街头游行示威这样比较激进的方式来迫使政府解决。此外，一些地方政府或极端宗教分子为了维护其自身政治和经济上的利益，煽动淳朴、盲目、感性多于理性的民众起来游行示威，迫使政府妥协，放弃实施涉及有损他们政治和经济利益上的政令法规，以达到他们的目的。示威群众轻则游行数小时导致交通堵塞，重则游行几天甚至几个月，最终阻断厂商生产及货物运输，沿线的工业区的工厂营运将会受到严重影响。由此，街头示威活动往往会引发社会治安的不稳定，中国企业应做好防范措施以应对该类国家风险的发生。

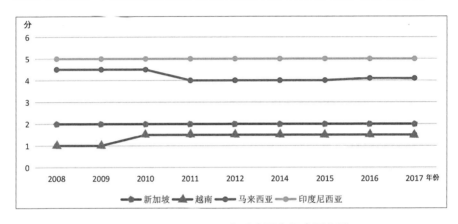

图 5-6　2008—2017 年政府民主问责评分图

资料来源：《2018 年中国海外投资国家风险评级报告》。

2. 中国对印度尼西亚投资主要的事件风险

事件风险的本质在于事件本身难以预测，且很难量化在其发生后短期内所带来的不确定性影响。纵使中国企业对印尼投资前进行了充分的实地调研，对国家风险各个方面做了相应的风险应对措施，但在项目实施的过程中不可避免地遭受东道国政府或其国内引起的、事先没有料到的突发事件（见表 5-18）。

表 5-18　中国企业由于事件风险造成损失的主要大型项目

项目名称	投资规模	突发事件及阻碍因素	后果
雅万高铁项目	55 亿美元	许多地方政府与中央政府部门的审批意见存在冲突且征地艰难	项目延误一年，征地成本高昂

项目名称	投资规模	突发事件及阻碍因素	后果
承建电站 EPC 项目	多家中国企业参与建设，投资金额巨大	税收体系混乱，印尼政府单方面提高税率，且不接收两国税收协商程序	败诉，补缴最终税及相关罚款，涉及金额巨大
公主港 3350M 燃煤屯站项目	8.91 亿美元	印尼业主方融资困难、征地进度缓慢	工程延误 18 个月左右，有被撤项的危险，一度陷入绝境

资料来源：央视网、印尼国际日报、印尼国际商报。

　　以上三个例子表明，能够承担投资规模如此大的项目，双方合作企业规模必然不小，在各自领域都拥有丰富的建设经验，且在资源技术方面优势互补。以雅万高铁项目为例，该项目是中国与日本激烈竞标后在东南亚夺得的首个高铁承建项目，引起了中印尼双方国内和国际社会的高度关注。从最初希望 2015 年 8 月开始施工，建设期三年，2018 年竣工通车，却未能按照计划进行。让中方企业无法预料到的是在项目审批中许多地方政府与中央政府部门的审批意见不合，外加土地征收过程异常艰难，地主不合理的补偿标准和"一地多证"的情况，外加第三国干涉以及印尼国内某些别有用心的政客或宗教极端分子利用当地媒体渲染，不时散布诸如"中国威胁论"等抹黑中国的谣言，激起印尼人民的民主主义情绪，甚至煽动群众起来游行抗议，阻碍项目推进等原因，从而使得施工计划一而再再而三地延后，直到 2017 年才正式破土动工，值得庆幸的是，项目未被取消，且受损不太严重，影响范围和风险还在可控范围内。但不得不让外国投资者忌惮的是，印尼的营商环境并不理想，很多项目存在政治冲突、土地收购、项目审批以及环境保护等突发事件的问题，被搁置多年甚至放弃，使得中国企业遭受了巨大的经济损失。所以，事件风险已成为今后中国企业对印尼投资过程中时刻面临的国家风险之一。

　　3. 灰色模糊综合评价模型

　　关于对国家风险的预警，目前尚无标准指标系统。本书通过运用灰色模糊理论，构建我国企业对印尼投资国家风险的预警指标体系，建立灰色模糊综合评价模型，从而实现对国家风险预警。基本步骤如下：

（1）分析影响因素体系

根据层次分析法，对国家风险预警指标因素按属性进行分类，指标因素的递阶层次关系也通过该分类得以建立。令 U 为因素集，U={u1，…，um}；V 为评语集 V={v1，…，vn}。

（2）确定权重集

预警指标因素集与国家风险之间的灰色模糊关系称为权重集。根据所建立的指标因素递阶层次关系，能够用同一层次中每个因素关于上一层准则的权重及相应的点灰度，从而形成权重集：

$$\tilde{A}_\otimes = \left[\ (a1，v1)，\ (a2，v2)，\ \cdots，\ (am，vm) \ \right] \quad (5-1)$$

其中，各权重值要求归一化，即 $\sum_{i=1}^{m} a_i = 1$。

因为某些信息用精确的数值进行衡量很困难，所以本书将采用一些描述性的语言来对应一定范围的灰度，根据信息的充分程度可分为以下五个等级：非常充足、相对充分、一般、相对贫穷、非常贫穷，对应的灰度值为 0~0.2、0.2~0.4、0.4~0.6、0.6~0.8、0.8~1.0，由专家评定。

（3）建立评价矩阵

评语集与因素集之间的灰色模糊关系可以称为评价矩阵，根据某个指标因素给出了专家对评语集中每个元素的隶属度，并且相应的灰度可以根据信息的充分程度给出。

$$\tilde{R}_\otimes = \begin{bmatrix} (\mu_{11}，v_{11}) & (\mu_{12}，v_{12}) & \cdots & (\mu_{1n}，v_{1n}) \\ (\mu_{21}，v_{21}) & (\mu_{22}，v_{22}) & \cdots & (\mu_{2n}，v_{2n}) \\ \vdots & \vdots & \cdots & \vdots \\ (\mu_{m1}，v_{m1}) & (\mu_{m2}，v_{m2}) & \cdots & (\mu_{mn}，v_{mn}) \end{bmatrix} \quad (5-2)$$

（4）一级综合评价

在灰色系统理论的模部运算中，使用 M（.，+）算子；而在灰部运算中，使用 M（⊙，+）算子，其目的在于尽可能多地保留专家评估信息。最终得到灰色模糊综合评价的结果如下：

$$\tilde{B}_{\otimes} = \tilde{A}_{\otimes} \circ \tilde{R}_{\otimes} = \left[\left(b_j, v_{bj} \right) \right] = \left[\left\{ \left(\sum_{k=1}^{m} a_k \bullet \mu_{kj} \right), \prod_{k=1}^{m} \left(1 \wedge \left(v_k + v_{kj} \right) \right) \right\} \right]$$

（5-3）

（5）多级综合评价

子因素 ui 是其上一级因素集 U 的元素，得到因素集 U 与评语集 V 的灰色模糊关系为：

$$\tilde{R}_{\otimes} = \left[\tilde{B}_{\otimes 1}, \tilde{B}_{\otimes 2}, \cdots, \tilde{B}_{\otimes i} \right]^{T}$$

（5-4）

按照一级评价的方法给出权重集 $\tilde{A}_{\otimes}$，并求得最终评价对象 U 的综合评价向量：

$$\tilde{B}_{\otimes} = \tilde{A}_{\otimes} \circ \tilde{R}_{\otimes} = \left[\left(b_1, v_1 \right), \left(b_2, v_2 \right), \cdots, \left(b_m, v_{2m} \right) \right]$$

（5-5）

（6）评价结果处理

对信息不充分程度的描述称为灰度，相反，将信息的可信度称为白度。对上述评价结果做如下处理：

若 $b_i \geqslant b_j$，则 $b_i \geqslant b_j$ 的可信度为：

$$p_{ij} = \left(1 - v_i \right) \left(1 - v_j \right)$$

（5-6）

反之，$b_i \geqslant b_j$ 的可信度为：

$$p_{ij} = 1 - \left(1 - v_i \right) \left(1 - v_j \right) \quad \left(i, j = 1, 2, \cdots, m; i \neq j \right)$$

（5-7）

上述评价结果中，隶属度为最大的可信度：

$$p_i = \prod_{\substack{k=1 \\ j \neq i}}^{m} p_{ij} \quad (i = 1, 2, \cdots, m) \qquad (5-8)$$

根据最大隶属度原则，选择最大的可信度值 p_i 对应的决断作为最终的评价结果。

4. 我国对印度尼西亚投资国家风险预警指标的应用

选取我国某企业对印尼投资的国家风险为实证分析对象，选取二十名从事国际问题、风险管理、国际投资方面的专家、企业管理人员、政府管理部门人员，对国家风险预警指标进行综合评价。因为评价的是我国对印尼投资国家风险的预警指标，所以假设对指标的评价集 V={非常好，较好，一般，较差，非常差}，通过使用改进的层次分析法，计算表中每项指标的权重、指标的得分和评分灰度等，指标的权重、评分和评分灰度信息如表 5-19 所示。

表 5-19　预警评价指标的相关信息

一级指标	权重	二级指标	权重	非常好	较好	一般	较差	非常差	评分灰度
政治	0.39	政府稳定	0.20		√				0.3
		内部冲突程度	0.18			√			0.6
		政府服务	0.09		√				0.3
		法制程度	0.15				√		0.2
		外部冲突程度	0.12		√				0.1
		对华关系	0.26			√			0.2
经济	0.30	经济状况	0.15			√			0.3
		市场管制程度	0.13		√				0.4
		通货膨胀程度	0.18		√				0.3
		收入分配差距程度	0.15				√		0.3

表头第五至第九列分别为"指标内涵"下的：非常好、较好、一般、较差、非常差

一级指标	权重	二级指标	权重	指标内涵					评分灰度
				非常好	较好	一般	较差	非常差	
经济	0.30	与中国经济密切度	0.21	√					0.2
		失业程度	0.18			√			0.4
社会	0.12	开放程度	0.17		√				0.3
		环境保护程度	0.12			√			0.4
		社会安全程度	0.21		√				0.2
		文化背景程度	0.14		√				0.4
		教育水平	0.16			√			0.3
		宗教传统文化影响	0.20		√				0.4
事件	0.19	事件类型级别程度	0.16		√				0.2
		企业规模程度	0.13		√				0.3
		持续时间	0.14		√				0.3
		影响范围	0.19		√				0.2
		媒体渲染	0.20	√					0.1
		严重程度	0.18		√				0.2

（1）一级评价

第一，政治指标。

$$\tilde{A}_{\otimes} = [\ (0.20, 0)，\ (0.18, 0)，\ (0.09, 0)，\ (0.15, 0)，$$
$$(0.12, 0)，\ (0.26, 0)\ ]$$

$$\tilde{B}_{\otimes} = \begin{bmatrix} (0,1) & (1,0.3) & (0,1) & (0,1) & (0,1) \\ (0,1) & (0,1) & (1,0.6) & (0,1) & (0,1) \\ (0,1) & (0,0.3) & (0,1) & (0,1) & (0,1) \\ (0,1) & (0,1) & (0,1) & (1,0.2) & (0,1) \\ (0,1) & (1,0.1) & (0,1) & (0,1) & (0,1) \\ (0,1) & (0,1) & (1,0.2) & (0,1) & (0,1) \end{bmatrix}$$

由

$$\tilde{B}_{\otimes} = \tilde{A}_{\otimes} \circ \tilde{R}_{\otimes} = [(b_j, v_{bj})]_n = \left[\left\{ \left(\sum_{k=1}^{m} a_k \bullet \mu_{kj} \right), \prod_{k=1}^{m} \left(1 \wedge \left(v_k + v_{kj} \right) \right) \right\} \right]$$

可得:

$$\tilde{B}_{\otimes 1} = [(0.1), (0.32, 0.09), (0.44, 0.12), (0.15, 0.2), (0.1)]$$

第二,经济指标。

$$\tilde{A}_{\otimes} = [(0.15, 0), (0.13, 0), (0.18, 0), (0.15, 0), (0.21, 0), (0.18, 0)]$$

$$\tilde{R}_{\otimes} = \begin{bmatrix} (0,1) & (0,1) & (1,0.3) & (0,1) & (0,1) \\ (0,1) & (1,0.4) & (0,1) & (0,1) & (0,1) \\ (0,1) & (1,0.3) & (0,1) & (0,1) & (0,1) \\ (0,1) & (0,1) & (0,1) & (1,0.3) & (0,1) \\ (1,0.2) & (0,1) & (0,1) & (0,1) & (0,1) \\ (0,1) & (0,1) & (1,0.4) & (0,1) & (0,1) \end{bmatrix}$$

可得:$\tilde{B}_{\otimes 2} = [(0.21, 0.2), (0.31, 0.12), (0.33, 0.12), (0.15, 0.3), (0.1)]$

通过梳理中国对外投资的引导、救济、保障等制度与政策发现,由于我国对外投资起步晚,关于对外投资国家风险的救济、保障机制并没有形成专门的体系,当企业在东道国遭遇国家风险时,因为没有系统的救济和保障机制,所以导致企业无法可依,只能仓促应对,往往造成投资项目的严重亏损并以失败告终。因此，中国政府应积极推进完善针对跨国企业遭遇国家风险后的救济和保障机制。此外，为了在宏观层面上实现对我国跨国投资企业的保驾护航，切实维护企业的合法权益，我国当局应积极与印尼发展友好关系，避免发生外部冲突，减少印尼国内排华情绪，与其签订双边投资保障救济协议，以便中国企业在对外投资的道路上越走越快，越走越稳健。

第三，社会指标。

$$\underset{\otimes}{\tilde{A}} = \big[\ (0.17, 0),\ (0.12, 0),\ (0.21, 0),\ (0.14, 0),$$
$$(0.16, 0),\ (0.20, 0)\ \big]$$

$$\underset{\otimes}{\tilde{R}} = \begin{bmatrix} (0,1) & (1,0.3) & (0,1) & (0,1) & (0,1) \\ (0,1) & (0,1) & (1,0.4) & (0,1) & (0,1) \\ (0,1) & (1,0.2) & (0,1) & (0,1) & (0,1) \\ (0,1) & (1,0.4) & (0,1) & (0,1) & (0,1) \\ (0,1) & (0,1) & (1,0.3) & (0,1) & (0,1) \\ (0,1) & (1,0.4) & (0,1) & (0,1) & (0,1) \end{bmatrix}$$

可得：$\underset{\otimes_3}{\tilde{B}} = \big[\ (0.1),\ (0.73, 0.0096),\ (0.28, 0.12),\ (0.1),\ (0.1)\ \big]$

第四，事件指标。

$$\underset{\otimes}{\tilde{A}} = \big[\ (0.16, 0),\ (0.13, 0),\ (0.14, 0),\ (0.19, 0),$$
$$(0.20, 0),\ (0.18, 0)\ \big]$$

$$\underset{\otimes}{\tilde{R}} = \begin{bmatrix} (0,1) & (1,0.2) & (0,1) & (0,1) & (0,1) \\ (0,1) & (1,0.3) & (0,1) & (0,1) & (0,1) \\ (0,1) & (1,0.3) & (0,1) & (0,1) & (0,1) \\ (0,1) & (1,0.2) & (0,1) & (0,1) & (0,1) \\ (1,0.1) & (0,1) & (1,0.3) & (0,1) & (0,1) \\ (0,1) & (1,0.2) & (0,1) & (0,1) & (0,1) \end{bmatrix}$$

可得：$\underset{\otimes_4}{\tilde{B}} = \big[\ (0.16, 0.1),\ (0.80, 0.00096),\ (0.1),\ (0.1),\ (0.1)\ \big]$

（2）二级评价

$$\tilde{A}_{\otimes} = \left[\ (0.39,\ 0),\ (0.30,\ 0),\ (0.12,\ 0),\ (0.19,\ 0) \ \right]^{T}。$$

由式 $\tilde{R}_{\otimes} = \left[\tilde{B}_{\otimes_1},\ \tilde{B}_{\otimes_2},\ \cdots,\ \tilde{B}_{\otimes_i} \right]^{T}$ 可得：

$$\tilde{R}_{\otimes} = \begin{bmatrix} (0,1) & (0.32,0.09) & (0.44,0.12) & (0.15,0.2) & (0,1) \\ (0.21,0.2) & (0.31,0.12) & (0.33,0.12) & (0.15,0.3) & (0,1) \\ (0,1) & (0.73,0.0096) & (0.28,0.12) & (0,1) & (0.1) \\ (0.16,0.1) & (0.80,0.00072) & (0,1) & (0,1) & (0,1) \end{bmatrix}$$

由 $\tilde{B}_{\otimes} = \tilde{A}_{\otimes} \circ \tilde{R}_{\otimes} = \left[(b_1,\ v_1),\ (b_2,\ v_2),\ \cdots,\ (b_m,\ v_{2m}) \right]$ 可得：

$$\tilde{B}_{\otimes} = \left[(0.0934,\ 0.02),\ (0.4574,\ 7.46496*10^{-8}),\ (0.3042,\ 0.001728),\ (0.1035,\ 0.06),\ (0.1) \right]$$

（3）评价处理结果

对评价结果进行分析，可以得到：

P1=0.00004，P2=0.91954，P3=0.00546，P4=0.02837，P5=0

按照最大隶属度原则，对应最大值 P2 的决断是最终评价结果，换句话说，该指标体系对评价国家风险预警整体处于"较好"水平。即使这样，政治指标尚不理想，仍需要加以改进。

5. 中国企业投资印度尼西亚的国家风险防范建议

我国对外投资起步晚，目前仍处于发展的初级阶段，海外投资经验不足，对东道国投资环境的评估不准确，在这样的情况下，使得中国企业在面临东道国国家风险时，没有足够的经验采取应对措施来规避风险，最大限度减少损失。为了尽可能降低国家风险带来的各种不利的影响，在此分别从政府、企业以及第三方机构的层面来深入分析应对国家风险的措施。

（1）中国政府应对印尼国家风险的对策建议

第一，完善规范企业对外经营的法律法规。为防止和减少中资企业在东道国因不遵守或违法违规所引发的国家风险，一方面，需要我国政府健全关于规范对外投资企业的法律法规，通过完善监管措施和奖惩制度，引导中资企业充分了解东道国的规章制度，依法从事生产经营活动；另一方面，引导对外投资公司改变公关方式，不仅要做好使企业的经营目标与东道国的战略发展目标保持一致，而且要避免与东道国政府建立过于"暧昧"的关系，政府引导跨国公司在东道国合法合规经营才是企业蓬勃发展的长久之计。

第二，完备海外投资保险制度。至今为止，我国的对外投资保险制度散落在法律体系的各个角落中，虽然存在语言上的表述，但没有提出应对风险的具体措施。此外，我国仅有中国出口信用保险公司这一家公司为对外投资的企业提供出口信用保险业务，处于垄断地位，因此缺乏制度层面上的合理安排和专门化运作，从而导致投保手续繁琐，申请保险的企业和项目门槛设立较高，投保成本高。这就需要政府加快健全我国的对外投资保险制度，建立独立专业的对外投资保险机构，当投保企业遭遇对外投资的国家风险时，可以向该机构提出索赔，而该机构继续要求东道国为其损失支付赔偿金额。该机构的设立打破了中信保的垄断地位，使得中国企业对外投资过程中遭受的损失能够得到赔偿，而且有处可赔，这样有力维护了企业的合法权益，促进本国对外投资的长远发展。

（2）中国企业应对印尼国家风险的对策建议

第一，调研和风险投保。在对东道国进行投资之前，中国公司需要做大量的调研考察工作。首先，应该对东道国的政治、经济、文化以及法律制度环境进行全面的评估。其次，分析投资该国可能存在的国家风险，并尽量避开那些政局动荡、政策不稳定、恐怖主义横行以及排华势力较强的国家或地区。此外，还要对东道国当地的投资环境进行实地考察并详细分析该国目前存在的投资环境风险，审查合作对象的信用，并对投资项目或行业进行投保，以减少国家风险可能带来经济利益上的损失。

第二，风险转移机制。风险转移机制是指跨国企业为了降低在东道国经营时遭遇国家风险的可能性，采用投资风险转移的策略来实现在东道国预期的经营目标。具体可以从投资主体多元化和投资客体的多元化这两个方面来制定风险转移机制。首先，投资主体的多元化一方面可以采取与其他国家的跨国公司、东道国政府或当地企业联合投资，利用共同承担风险原则使得国家风险得到了转移与分散；另一方面还可以联合多家国际融资机构、国际银行以及东道国企业进行融资，从而达到共同承担风险责任和分散国家风险的目的。其次，投资客体的多元化是指跨国公司对东道国进行投资时，不要"把所有鸡蛋都放在同一个篮子里"，而要分散在多个领域和行业，否则一旦发生国家风险就可能会引发"多米诺骨牌效应"。

第三，采用属地化管理。所谓属地化管理是指跨国公司在国外合法合规经营的同时，通过将公司运营的各个环节与东道国的政治、经济和宗教文化等方面相融合，在实现公司经营目标的基础上积极履行东道国的社会责任，服务于社会。实施属地化管理，一方面有利于中资企业获得东道国或当地民众的支持从而提高投资的回报率；另一方面有利于融入当地的政治、经济和风俗文化中，从而减少对华企业暴力事件、淡化排华民族的抵触情绪和仇视的心理。

（3）对第三方机构的对策建议

第一，发挥与东道国各方的沟通与协调作用。发展成熟的海外行业协会、华商商会作为我国企业"走出去"发展的沟通与协调的桥梁，多多少少都会对当地政府的决策产生一定的积极影响，所以第三方机构应充分发挥与东道国各方的沟通与协调作用，主动地为遭受国家风险的中资企业提供帮助。为了维护中方企业的相关利益，第三方机构可以通过以自身为媒介积极与当地政府进行交涉协商，让其制定出有利于该行业发展的相关政策。除此之外，这些第三方机构应寻找共同的利益点，互相分享信息，建立国家风险防范预警系统，构建共同发展的合作平台，这样才能为各国华商的跨国公司及时排解国家风险隐患，降低跨国投资风险，从而实现合作共赢。

第二，公正严明的履行职责。当发生国家风险从而引起国际投资争端时，国际社会、世界银行和世界贸易组织等第三方机构作为世界上具有较高国际认可度的第三方机构，应充分发挥作为公证仲裁人的角色，为投资受损方的合法投资权益提供强有力的法律支持，对违反相关国际公约条例的国家实施制裁，公平严明地处理纠纷，并根据有关规定向经济利益受损方予以相应的赔偿。

第三，发挥事务所的专业职能。跨国公司聘请的相关职能事务所应当充分运用其职能为企业规避国家风险。例如，印尼当地律师事务所通过了解和熟悉企业与东道国约定准据法的相关规定，在充分了解本国法律法规的基础上为企业设定层层法律构架，规避单个项目对企业整体造成重大损失，从而实现国家风险的分离。税务师事务所不仅要熟悉税务办事流程、税收体系，提高税务办事效率，还要协助跨国公司预测缴税额度、策划税务以及构建税务模型层级，从而使企业清楚地了解缴税额占生产经营利润的比重，进而能够为企业应对国家风险的制定预警防范机制。

5.1.5 我国对南海四国投资的国家风险现状与对策

1. 我国对南海四国投资的国家风险现状

借鉴前人对国家风险研究的基础上，结合对外投资的特征，中国企业对南海四国投资的国家风险包括政治风险、主权风险、经济风险和地缘风险等四个方面。不同类型的国家风险可能会相互渗透转化，共同作用于中国企业对南海四国的投资。

第一，政治风险是诱发南海四国爆发针对中国企业的国家风险事件发生的主要因素。常见的政治风险有宗教或民族问题引发的内乱和战争；政府及民众的排华情绪，引发的打砸抢事件；外交事件冲突或因仇富心态产生的中国"威胁"论，挤压中国企业的生存空间；腐败现象普遍，地方势力影响社会安定等。特别注意的是，南海四国政治环境的不稳定，是中国企业对南海四国投资面临的最大潜在风险。

第二，中国企业对南海四国投资极易面临东道国的主权风险，常见的主权风险有政府为了保护本国企业，对中国企业设置投资准入门槛、利润汇出限制等贸易壁垒；东道国政权更替，新政府不承认前政府与中国企业签订的合同或拒绝履行合同；因对华关系恶化或国内政治经济混乱而冻结中国企业资产，导致资产难以保全等。

第三，中国企业对南海四国投资经济风险的产生与东道国政府的经济政策高度相关，常见的经济风险有针对性地出台或调整贷款利率、汇率，影响企业的资金运转；选择性设置投资和贸易壁垒，提高中国企业的投资门槛；东道国政府面临财政赤字，临时征收高额税费填补，增加中国企业运营成本；政府临时性的资金救济限制或对资金转移限制，影响企业正常资金支付等。

第四，从地缘上看，东盟既是我国"海洋强国"与"一带一路"倡议的重要支点，也是我国能源安全与能源补给的战略保障支点。总体来看，我国与南海四国关系正不断巩固，但依然受历史原因、大国干预与南海问题的影响，南海四国对中国资本具备"与生俱来"的戒备与谨慎。南海四国是东盟国家中的大国，均与我国存在南海主权的争端，不时密集爆发针对中国企业的国家风险事件。

2. 我国对南海四国投资的国家风险防范对策

国家风险有其特殊性，如果没有有效的风险防控机制，"走出去"的企业将可能血本无归。"走出去"的企业大部分是国企、央企，如果发生亏损，最终买单的将是国家财政，会造成国家重大利益的损失。通过中国企业对南海四国投资国家风险传染机理研究发现，国家风险的产生与企业自身的经营活动及风险发生国风险外溢有关。因此，对于国家风险的防控，需分别从微观层面和宏观层面做好防控工作。

（1）宏观层面上的风险防控

第一，完善对南海四国投资的预警机制，有效防控国家风险。目前，我国缺乏完善的国家风险预警机制。在风险来临时，我国无法针对易感染国家内的中资企业进行防控，从而造成的损失巨大。政府应设立国家风险评估机构，畅通中资企业与国家风险评估机构的联系渠道，帮助其获取信息，且应对中资企业在南海四国如何规避投资国家风险进行宏观指导。特别在政治风险和主权风险方面，政府的信息更权威，应实现政企信息共享。在企业选择目标市场及投资项目时，政府应提出指导性建议，并加强对风险的实时监控，做到事前预警、事中监控、事后救济。

第二，规范中资企业经营行为，完善保障制度。为增强南海四国内中资企业对国家风险的免疫能力，一方面，政府应充分发挥统筹及引领作用，以南海四国国情为依据，建立针对中资企业在南海四国合法合规经营的监管措施及奖惩制度，二者共同作用，引导中资企业合法合规经营，减少中资企业因自身不守规、不合法行为导致的国家风险事件。此外，还应引导中资企业建立新的公关方式，多参加当地社区公益活动，从而降低潜在国家风险带来的威胁与损失。另一方面，完善保险保障制度，在险种的设置上，应根据中国企业对南海四国投资的实际状况，具体问题具体分析，更好地适应中资企业的经营活动，增强其抵御风险的能力。

第三，构建南海四国投资"保护伞"，激励中资企业投资行为。对南海四国内遭遇国家风险的中资企业进行及时"治疗"，防范其跨国传染。依据我国关于海外投资的一系列制度与政策，并结合"一带一路"倡议下中国企业对南海四国投资的外部环境，构建起涵盖微观、中观与宏观三个子系统的投资保护体系及制定"治疗"方案。微观子系统指对南海四国投资国家风险的防范与具体应对措施；中观子系统为中国企业对南海四国投资的保护制度，如维权救济制度、双边投资协定等；宏观子系统是对南海四国投资国家风险战略优化升级。从国家层面实现对南海四国内中资企业的保驾护航，使相关政府各部门形成联动机制，让企业在"走出去"时，走得安心，走得自信，从而进一步激励中资企业的海外投资行为。

（2）微观层面上的风险防控

第一，选好投资区域及项目，做好事前国家风险防范。中资企业要增强自身对国家风险的免疫力，在投资项目前需完成以下几点风险防范工作：首先，区域选择。要搞好市场调查，了解市场情况，既要考虑自身优势，又要避开易突发国家风险的国家。其次，项目选择。对投资项目进行合理设计，提高东道国干扰中资企业经营成本，从而增强项目抵御风险能力。同时，在融资上，积极扩大从东道国的融资途径，进行多角化投资。最后，保险选择。最大限度地利用国内保险公司的业务功能和国际现行有关国家风险的投资保护体系。

第二，灵活制定共赢合作机制，促进国家风险转移机制多元化。中资企业在遭受国家风险时，应增强自身抵抗力，尽快从风险事件中脱离或尽可能减少风险带来的损失。积极寻求东道国内具有合作互补的大型企业合资合作，或吸引东道国企业参股，形成"朋友圈"，既实现互利共赢，又可分担风险，降低产生矛盾和风险的可能性。同时，多渠道多方式地进行融资，从而分散企业面临的国家风险。总而言之，尽量将企业自身利益与东道国政府及企业利益相联系，一旦国家风险事件发生，东道国出于对自身利益的维护，也会尽可能保护中资企业。当国家风险事件无法挽救时，中资企业要制定终极应对措施，多方式多渠道地进行资产快速转移。

第三，采取疫情阻截与应急处置方案，有效控制国家风险的跨国传染。根据本书前部分对国家风险传染机理的研究发现，国家风险是"动态"的，存在"外溢性"，且南海四国间联动性日益增强。因此，无论是国家，还是企业，在应对国家风险事件时，应类似应对重大传染病疫情一样，依据风险类别、传染级别、影响范围及信息反馈等，采取疫情阻截与应急处置措施，构建中国企业对南海四国投资国家风险传染的疫情监测制度及相应的防控机制。

5.1.6 我国对东盟投资的预测

由于中国与东盟自贸区升级版打造和对"一带一路"倡议的响应，我国对东盟投资逐年增加。而东盟成员国多为发展中国家，这些国家在开放和发展过程中大多面临政治不稳定、经济发展不平衡、社会转型、政策调整等风险，给我国投资企业和个人的财产与人身安全带来巨大威胁。研究我国对东盟投资的规律及预测其发展趋势，为我国政府有关部门制定政策和对外投资企业制定安全、持续、长期可靠的投资决策提供科学依据，具有一定参考价值和实用价值。本书采用的最佳灰色回归预测组合模型中，回归分析是研究受随机因素影响的动态过程的预测性建模技术，灰色系统理论是研究数据少、贫信息不确定性问题的方法，而二者结合来研究处理中国历年对东盟投资的数据，避免了一定的局限性。

1. 中国对东盟投资发展现状

随着中国与东盟之间的经济合作越来越密切，中国对东盟的投资量也逐渐增长，投资涉及的行业多数分布在以劳动和资源密集的领域，投资国别偏好相比起原东盟六国，除了新加坡和印尼外，更倾向于新加入东盟的四国。就现今形势而言，中国对东盟的直接投资的现状主要体现为以下三种：一是中国对东盟直接投资规模逐年增加，二是中国对东盟直接投资行业覆盖广泛，三是中国对东盟新四国投资力度加大。

（1）中国对东盟直接投资规模逐年增加

为了顺应区域经济一体化的时代要求，2002年中国—东盟自由贸易区正式建立，中国对东盟投资开始稳步上升。2010年，中国—东盟自由贸易区正式建成，成为覆盖东南亚、资源禀赋优势明显、人口基数庞大且GDP快速增长的新兴经济体，吸引了中国企业对东盟地区的关注，中国对东盟投资进入了飞速增长的时期。《中国对外直接投资公报》统计显示，2003—2005年中国对东盟国家的对外直接投资流量每年尚不足2亿美元，在中国对外投资总额中所占的比重十分微薄；从2006年起快速增长，至2016直接投资流量已达102.79亿美元。从存量看，2003年，我国对东盟国家的直接投资存量为5.87亿美元，而投资流量就已有1.19亿美元，可见东盟自贸区的建立让中国与东盟的经济合作开始进入了迅速发展的阶段（见图5-7）。2016年，投资存量为715.54亿美元，是2003年投资存量的121倍，占中国对外直接投资总存量也从2003年的1.77%上升到2016年的5.3%。由此可见，中国对东盟地区的投资规模不断扩大。

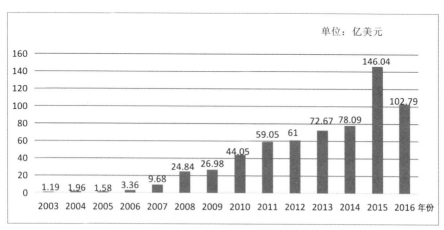

单位：亿美元

图 5-7　2003—2016 年中国对东盟投资流量图

资料来源：《2003—2016年度中国对外直接投资公报》。

（2）中国对东盟直接投资行业覆盖广泛

在中国对东盟直接投资初期，中国本身刚加入 WTO，自身经济实力不算发达，加上东盟成员国除新加坡外皆为发展中国家，因此投资吸引力不高且投资规模较小；竞争优势集中于自然资源，因此投资的重点为原材料、资源型行业。自中国—东盟自由贸易区建设全面启动后，中国对东盟的投资迅速增长，投资范围逐渐扩大。截至 2016 年，中国对东盟直接投资的行业已涉及以农、林、牧、渔为主的第一产业，以制造业为主的第二产业，以商务服务业为主的第三产业，基本覆盖所有行业。从行业分布上看，由于劳动力成本低廉，制造业在中国对东盟投资的行业中占比最重，达 34.5%；新兴行业如租赁和商务服务业、批发和零售业，占比共计 32.4%，属于热门投资行业；传统行业如采矿业、房地产业、建筑业和农、林、牧、渔业则占 24.2%；其他服务业、能源行业和高新科技行业等技术密集的产业则占比较少，共占 8.9%（见表 5-20）。

表 5-20　2016 年中国对东盟直接投资的主要行业

单位：万美元

行业	流量	比重（%）	存量	比重（%）
制造业	354370	34.5	1314969	18.4
租赁和商务服务业	137106	13.3	1122250	15.7
采矿业	24119	2.3	1016925	14.2
批发和零售业	196304	19.1	968975	13.5
电力、热力、燃气及水的生产和供应业	66424	6.5	912135	12.7
金融业	45400	4.4	457319	6.4
建筑业	63487	6.2	450678	6.4
农、林、牧、渔业	37370	3.6	313845	4.4
房地产业	124590	12.1	198793	2.8
交通运输／仓储和邮政业	-68010	-6.5	128306	2.5
科学研究和技术服务业	7364	0.7	71912	1

行业	流量	比重(%)	存量	比重(%)
信息传输、软件和信息服务业	19125	1.9	60017	0.8
居民服务、修理和其他服务业	15515	1.5	56598	0.8
住宿和餐饮业	1759	0.2	11977	0.2
文化、体育和娱乐业	3149	0.3	7917	0.1
水利、环境和公共设施管理业	−1877	−0.2	6954	0.1
教育	581	0.1	1660	0
其他行业	92	0	179	0
合计	1027868	100	7155049	100

资料来源：《2016 年度中国对外直接投资统计公报》。

（3）中国对东盟新四国投资力度加大

按照加入东盟的时间来划分，东盟新四国为越南、老挝、缅甸和柬埔寨。在世界范围内，这四国也处于经济水平最不发达的国家之列，基础设施落后。随着中国—东盟自由贸易区建成及深化发展，新四国扩大开放，与中国经济交流和合作愈加频繁，加上新四国的自然资源丰富，劳动力廉价的优势，与中国人均资源不丰富的劣势互补明显，成为东盟国家中超越泰国和马来西亚、追赶印度尼西亚、仅次于新加坡的投资理想目的地。2003 年，中国对东盟新四国的投资存量仅 1.03 亿美元，经过各项经济政策十多年的改革、推进和开放发展，到 2016 年已达 194.72 亿美元，约是 2003 年的 189 倍，占总存量的 27.2%。另外还凭借自贸区和大湄公河次区域的明显优势，我国无论是大型中央或国有企业，还是中小型企业，对新四国投资都能相互促进本国经济发展。

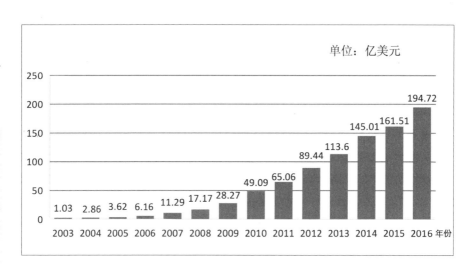

单位：亿美元

图 5-8　2003—2016 年中国对东盟新四国投资存量图

资料来源：《2019 年度中国对外直接投资公报》。

2. 中国对东盟投资发展存在的问题

（1）投资规模小

尽管中国对东盟的投资总额迅速增长和领域范围逐步扩大，并且辅以开放的经济政策导向和地理相近的比较优势，但相比起对世界其他经济体和国家的投资规模而言，对东盟的投资量仍然处于较低状态。以 2016 年为例，中国对东盟投资流量为 102.79 亿美元，而中国在全球范围内的投资总流量为 1961.5 亿美元，对亚洲投资流量为 1302.7 亿美元，对东盟投资仅占流量总额的 5.2%、亚洲投资流量的 7.9%；截至 2016 年底，中国对东盟投资的存量为 715.54 亿美元，虽然相较历年数据有所上升，但仍然显得十分不足，仅占存量总额的 5.3%，亚洲投资存量的 7.9%。显然即使东盟作为一个涵盖国家多、经济迅速发展的巨大经济体，中国对其投资虽然呈现上升的趋势，但是实际占比重并不高，对东盟投资的重视不足。

（2）产业分布不均衡

尽管中国对东盟投资的行业覆盖广，但是随着投资领域越来越宽，投资时间积累越来越久，我国对东盟直接投资产业分布不均衡的问题就逐渐显露——对部分产业投资集中，对另一部分产业的投资稀缺。各行业投资注入的金额差异明显，资源密集型和劳动密集型的产业，如制造业、批发和零售等行业，企业比较青睐，投资相对集中，以期获得更丰富的资源、节省运输成本和掠夺市场；而对高新技术以及服务行业的投资还处于初级发展阶段，难以获得更高的技术与管理经验，并借此参与更高层次的竞争，抢占更高端的市场。根据上文表 5-20 数据可知，从 2016 年我国对东盟投资的行业分布流量上看，在主要投资行业中，以制造业为首，约达 35.44 亿美元，占总量的 34.5%；其次为批发和零售业与租赁和商务服务业，当年投资流量分别约为 19.63 亿美元和 13.71 亿美元，占总量分别为占总量的 19.1% 和 13.3%。从 2016 年我国对东盟投资的行业分布存量看，在主要投资行业中，制造业、租赁和商务服务业、采矿业三个产业所占比重之和已达 48.3%，占中国对东盟投资存量近一半的份额，投资量十分庞大。而对于科学研究和技术服务业等资金和技术密集的行业，投资远小于制造业等资源型和技术含量较低的行业，投资比重十分微弱，难以实现中国产业在东盟地区的有效转移和升级。

（3）对各成员国投资分布差异大

对于东盟内部各成员国而言，中国对其投资的分布不均衡，差异十分显著。新加坡作为东盟地区唯一的发达国家，是中国在东盟最大的投资目的国，截至 2016 年末，中国对新加坡投资存量为 334.46 亿美元，占中国对东盟投资总存量的 46.7%；其次是印度尼西亚，对文莱和菲律宾的投资是最小的，2016 年末中国对文莱投资存量为 2.04 亿美元，占东盟总存量的 0.26%。老挝和越南作为东盟新四国之二，近年来成为中国对东盟直接投资的主要对象，投资实现较快增长，势头逐渐超越缅甸和马来西亚，投资量仅次于新加坡和印尼。而新、印二国作为东盟地区经济最发达的两个国家，是中国对东盟投资的主要流向目的地，与文、菲二国的投资量差距对比十分明显。

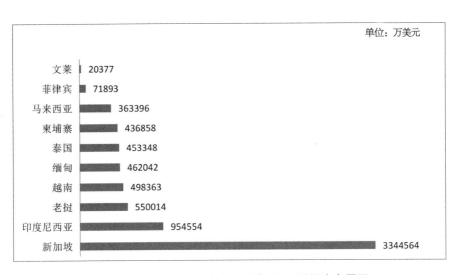

图 5-9　截至 2016 年底中国对东盟 10 国投资存量图

资料来源：《2016 年度中国对外直接投资公报》。

3. 最佳组合预测模型及其权的测定

（1）最小二乘估计（LES）意义下的最佳组合预测模型定义

设 $X_0(t)$ 为历年中国对东盟直接投资额的实际值，$t \in [1, n]$，$t \in N^*$；$X_i(t)$ 是 $X_0(t)$ 的第 i 种方法的直接投资预测值，$i \in [1, m]$，$i \in N^*$，则

$$X(t) = \sum_{i=1}^{m} k_i X_i(t)$$

为 m 种预测法的组合模型，其中 k_i 为第 i 中预测在组合模型中的权。若存在 $K=(k_1, k_2, \cdots, k_m)^T$，使组合模型求得的预测值与实际值之间的误差平方和最小，则存在最小二乘估计（LES）意义下的最佳组合预测模型。

（2）确定模型中的权 K

记 $y(t) = X_0(t) - X(t)$ 为组合模型的预测误差，$e_1(t) = X_0(t) - X_i(t)$ 为第 i 种方法的预测误差，由于

$$\sum_{i=1}^{m} k_i = 1$$

$$e(t) = X_0(t) - X(t) = X_0(t) \cdot \sum_{i=1}^{m} k_i - \sum_{i=1}^{m} k_i \cdot X_i(t) = \sum_{i=1}^{m} k_i \cdot$$

$$[X_0(t) - X_i(t)]$$

$$= \sum_{i=1}^{m} k_i \cdot e_i(t) = (k_1, k_2, \cdots, k_m)^T [e_i(t), e_2(t), \cdots, e_m(t)]^T$$

$$= [e_1(t), e_2(t), \cdots, e_m(t)](k_1, k_2, \cdots, k_m)^T$$

所以

$$e^2(t) = (k_1, k_2, \cdots, k_m)$$

$$\begin{pmatrix} e_1^2(t) \, e_1(t) \, e_2(t) \cdots e_1(t) \, e_m(t) \\ e_2(t) \, e_1(t) \, e^2(t) \cdots e_2(t) \, e(t) \\ \vdots \qquad \vdots \qquad \vdots \qquad \vdots \\ e_m(t) \, e_1(t) \quad e_m(t) \, e_2(t) \cdots e_m^2(t) \end{pmatrix} \begin{pmatrix} k_1 \\ k_2 \\ \vdots \\ k_m \end{pmatrix}$$

组合模型的预测误差平方和为:

$$Q = \sum_{i=1}^{m} e^2(t) = K^T E K$$

这里:

$$E = \begin{pmatrix} \sum_{t=1}^{n} e_1^2(t) & \sum_{t=1}^{n} e_1(t) \sum_{t=1}^{n} e_2(t) & \cdots & \sum_{t=1}^{n} e_1(t) \, e_m(t) \\[2ex] \sum_{t=1}^{n} e_2(t) \, e_1(t) & \sum_{t=1}^{n} e_2^2(t) & \cdots & \sum_{t=1}^{n} e_2(t) \sum_{t=1}^{n} e_m(t) \\[2ex] \vdots & \vdots & \vdots & \vdots \\[2ex] \sum_{t=1}^{n} e_m(t) \sum_{t=1}^{n} e_1(t) & \sum_{t=1}^{n} e_m(t) \, e_2(t) & \cdots & \sum_{t=1}^{n} e_m^2(t) \end{pmatrix}$$

記 R=（1，1，…，1）则问题化为：在约束条件 $RK=1$ 下求权 K，使 $Q=K^TEK$ 最小。

用 Lagrange 乘数法，设 $F=K^TEK+\lambda（RK-1）$

令 $\dfrac{dF}{dK}=2EK+\lambda R^T=0$ 解出 $K=-\dfrac{\lambda}{2}E^{-1}R^T$

代入约束条件 $R=（-\dfrac{\lambda}{2}E^{-1}R^T）=1$ 得 $\lambda=\dfrac{-2}{RE^{-1}R^T}$ 进而

得到 $K=\dfrac{E^{-1}R^T}{RE^{-1}R^T}$

显然，ET=E

所以 E 为实对称正定方阵，E 的特征值全为正数，$|E|>0$，$E-1$ 存在，组合模型必定存在唯一解。

4. 中国对东盟投资的最佳灰色回归组合预测模型

（1）数据的选取

本书的建模数据选取 2009—2016 年我国对东盟投资数据之所以选取 2009 年开始，一方面，灰色系统理论的预测对数据要求不高，数据年份越近，精度越高，并非数据越多，预测越准；另一方面，2008 年金融危机后的一年开始，有利于消除金融危机对预测的影响（见表 5-21）。为提高模型的拟合程度和预测的精度，对 2015 年的数据进行处理，对异常数据处理的方法很多，本书采用前后数据均值代替原始值，从而建模预测 2017 年数据。

表 5-21　2009—2016 年我国对东盟直接投资流量

年份	OFDI 流量统计（亿美元）	时间 T
2009	26.98	1
2010	44.05	2
2011	59.05	3
2012	61.00	4
2013	72.67	5

年份	OFDI 流量统计（亿美元）	时间 T
2014	78.09	6
2015	90.44（原始值：146.04）	7
2016	102.79	8

资料来源：《2009—2016 年度中国对外直接投资统计公报》。

（2）建立中国对东盟投资最佳回归预测模型

首先根据表 5-21 的数据，利用 EVIEWS 软件建立回归模型：

① $X_1(t) = a + bt$　　　　　　⑤ $X_1(t) = a + b \ln t$

② $X_1(t) = a + bt + ct^2$　　　⑥ $X_1(t) = ab^t$

③ $X_1(t) = a + \dfrac{b}{t}$　　　　　　⑦ $X_1(t) = at^b$

④ $\dfrac{1}{X_1(t)} = a + \dfrac{b}{t}$　　　　⑧ $X_1(t) = \dfrac{c}{1 + a \cdot e^{-bt}}$

结果如表 5-22 所示。

表 5-22　利用 EVIEWS 软件建立的回归模型结果

序号	模型	R-squared	Sum squared resid	Prob（F-statistic）
1	$X_1(t) = a + bt$	0.976654	98.35277	0.000004
2	$X_1(t) = a + bt + ct^2$	0.978577	90.25234	0.000067
3	$X_1(t) = a + \dfrac{b}{t}$	0.778973	931.1640	0.003698
4	$\dfrac{1}{X_1(t)} = a + \dfrac{b}{t}$	0.990259	0.00000535	0.000000
5	$X_1(t) = a + b \ln t$	0.943094	239.7397	0.000059
6	$X_1(t) = ab^t$	0.902223	0.125957	0.000304
7	$X_1(t) = at^b$	0.985771	0.018330	0.000001
8	$X_1(t) = \dfrac{c}{1 + a \cdot e^{-bt}}$	0.963677	0.00002	0.000015

按照以下三条标准：第一，回归系数（或相关系数大）；第二，系统误差 s 小；第三，模型精度 p 高，选定最佳回归模型为：

$$\frac{1}{X_1}(t) = 0.007362 + \frac{0.030007}{t} \qquad (t > 0)$$

$$X_1(t) = \frac{t}{t \times 0.007362 + 0.030007} \qquad (t > 0)$$

（3）建立中国对东盟投资最佳灰色预测模型

根据历年中国对东盟直接投资数据，建立 GM（1，1）、离散 GM（1，1）、灰色 Verhulst 模型，结果如表 5-23 所示。

表 5-23　中国对东盟投资最佳灰色预测模型结果

序号	模型	a	b	平均相对误差率
1	GM（1，1）	−0.1263	41.7167	3.4087%
2	离散 GM（1，1）	1.1346	44.5675	3.4248%
3	灰色 Verhulst	−0.3437	−0.0026	12.0249%

计算预测关联度 ζ，并按以下 3 条标准：①后验差比值 c 小；②小误差概率 P 大；③预测关联度 a 大，选定最佳灰色模型为 GM（1，1）：

$$X_2(t) = 42.39094988 \times \exp \times (0.1263 \times t) \qquad (t > 0)$$

（4）建立 LSE 灰色回归组合预测模型

先分别求模型 M_A、M_B 的误差：

$M_A = e_1 = X_0(t) - X_1(t) = [e_1(1), e_1(2), \cdots, e_1(n)] = (0.219851214, -0.661721178, 1.460688576, -6.277773106, -2.161255519, -2.795425794, 4.593615972, 12.80428523)$

$M_B = e_2 = X_0(t) - X_2(t) = [e_2(1), e_2(2), \cdots, e_2(n)] = (0, -4.046542, 4.47975, -0.915307, 2.421005, -1.614383, 0.007552, 0.185507)$

再求

$$E=\begin{pmatrix} \sum\limits_{t=1}^{n} e_1^2(t) & \sum\limits_{t=1}^{n} e_1(t)e_2(t) \\ \sum\limits_{t=1}^{n} e_2(t)e_1(t) & \sum\limits_{t=1}^{n} e_2^2(t) \end{pmatrix}=\begin{pmatrix} 239.5667146 & 16.65774485 \\ 16.65774485 & 45.78241668 \end{pmatrix}$$

最后求 $\dfrac{E^{-1}R^T}{RE^{-1}R^T}$（0.114983107，0.885016893）

得到 LSE 灰色回归组合预测模型 M_C

$M_C = X(t) = k_1 X_1(t) + k_2 X_2(t)$

$$= \frac{11.5558668 \times t}{t \times 0.007362 + 0.030007} + 37.4923081766 \times \exp \times (0.1263 \times t) \quad (t > 0)$$

5. 结论与建议

（1）预测对比与结论

分别用三个模型预测 2017 年中国对东盟投资数据，并与 2017 年值进行对比（见表 5-24）。

表 5-24　2017 年中国对东盟投资预测对比

序号	模型	预测值
1	M_A	93.49192
2	M_B	116.4149
3	M_C	113.3713689

商务部发布的《2017 年我国对"一带一路"沿线国家投资合作情况》数据显示，2017 年，我国对"一带一路"沿线国家的直接投资 143.6 亿美元，同比下降 1.2%，主要投向新加坡、马来西亚、老挝、印度尼西亚、巴基斯坦、越南、俄罗斯、阿联酋和柬埔寨等国家。在主要投向的 9 个国家中，东盟国家占了 6 个，初步核算在 110 亿元左右。

从预测结果来看，M_A 预测的投资额将下降，M_B 与 M_C 投资额有所增加，但增幅减少，对比预测值来看，M_C 比 M_B 增幅下降较大，误差更小，更适用于我国对东盟投资的预测。

（2）建议

第一，国家层面。

首先，国家应该对东盟地区的潜力、前景予以加倍重视，继续维持与东盟良好的双边经贸合作关系。在中国—东盟自贸区升级版打造和"一带一路"等政策的基础上结合"走出去"的战略，制定并发布新的有力措施，推动中国对东盟的投资更上新台阶。完善相关海外投资的法律条例、政策体系和保护机制，规范行业乱象，提高对东盟投资的监管与管理，有关部门对企业投资进行正确引导，在对投资者在海外投资遭遇生命危险时给予迅速有效的救援。

其次，引导企业在东盟投资国内产能过剩的产业，让夕阳产业在东盟有效转移，保持出口份额。从东盟国家要素禀赋方面看，东盟地区水能、土地、矿产、能源和旅游资源丰富，可以作为中国对其投资的重点项目，弥补国内资源短缺的缺口；从我国比较优势方面看，我国的机械、纺织、轻工和电子通信产业优势明显，但国内竞争激烈，产能过剩，就可以向东盟地区转移，维持和扩大产业的生命力，有利于提升国内产业结构升级，优化对东盟投资的产业结构，也有助于推动东盟国家的经济发展。

最后，对政治经济友好的国家维持友好关系。我国对新加坡投资稳居第一，除了新加坡本身基建完善、科技和经济发展水平高外，还和我国与新加坡建立长期友好的政治经济关系有关；而对菲律宾投资存量低，则与近年主权争端升级的影响导致中国与菲律宾政治经济关系恶化有关。

第二，企业层面。

首先，对于企业自身而言，企业应提升自身的法律意识，了解东道国相关的法律法规，不触碰当地文人宗教禁区，维护自身合法权益。在企业内部，引进高质量的管理、金融、科技和法律人才，让在国际经营的过程中体制健全、人才队伍建设充分，保护到位，才能有效扩大投资规模，持续经营，完成"走出去"战略的整体推进。

其次，在每项投资开始之前都对东道国环境进行充分考核，对可能发生的风险充分评估及管控，不贸然抢占先机，及时止损。例如，政治风险是中国对东盟投资最大也是最不可预期和掌握的风险，尤其是政权更迭期间可能产生的袭击、骚乱等暴力冲突，投资者除了财产上的损失，还有可能威胁到人身安全。并且就政治风险而言，作为中国热门投资目的国的新四国，也具有不小的政治风险，例如，税收体系不完善和政策不断更改的状况，需要引起有关企业的重视，制定相关风险管理机制。中国与部分东盟国家存在领土主权上的争端，尤其是近年南海主权争端升级，影响"海上丝绸之路"的合作和自贸区内的自由贸易，另外还有 ISIS 恐怖打击示威，恐怖组织国际扩张步伐加快，加大了对东盟直接投资的风险。因此加强对投资东道国环境考核并建立起相应的风险评价体系，有利于降低风险，提前预防。

最后，提高对东盟投资的意识与意愿，对东盟的发展前景予以充分肯定。东盟地理位置极为优越，竞争优势明显，我国能在东盟地区更好地获取资源，占领市场，并且由于临近的地理位置使跨国经营的风险有所减缓。中国—东盟自贸区升级版打造、泛北部湾经济合作区和"21世纪海上丝绸之路"的各项政策相继出台，与东盟部分国家的开放政策相辅相成，能促进我国产业在东盟地区的转移和升级。落后的基础设施虽然会增加我国企业在东盟地区的投资成本，但是这也给我国对东盟的投资带来新机遇。加大对东盟基础设施建设的投资，不仅能解决我国产业向东盟地区转移的难题，也解决了东盟地区落后的基础设施难以吸引外商直接投资的问题，双方实现互利共赢的发展。加大对东盟的投资，不仅是顺应经济全球化和区域经济一体化的时代需求，而且能让我国企业更好地实践"走出去"战略，扩大海外的市场。

第三，机构层面。

首先，有关的商会、行业组织可以协同政府的工作，规范市场秩序，指导投资方向和协调企业或管理市场的恶性竞争，避免企业为争夺同一个投资项目相互压价、恶性竞争而导致市场竞争秩序混乱。并且促进各企业之间市场服务信息的交流，收集整理好全面、准确系统的对外投资相关信息，让企业更好把握对东盟地区投资的潜力与商机。

其次，建立常设或专门机构来负责解决在对东盟投资过程中可能会出现的各种问题，对潜在的投资项目进行调查或开发。目前，中国和东盟采用的是中国—东盟领导人会议经济合作机制，就双边合作问题进行友好磋商，解决分歧和维持稳定。在这种机制下缺乏相应的协调机构负责经济合作方面的问题。设立这些专门机构，参与到投资政策的制定，并提交中国—东盟领导人会议决议。

5.1.7 我国对东盟投资的国家风险现状分析

现如今，中国和东盟的经济实力随着双方友好贸易关系的日益发展，正向着更高水平不断迈进。不仅如此，中国企业对东盟国家的投资量也不断在往上提升。相关数据显示，截至 2019 年末中国企业对东盟的投资金额约达 130 亿美元，约占对亚洲投资总流量的 12%，其中中国在东盟设立的投资企业超过 5600 家，雇用东盟国家的企业员工将近 50 万人。

1. 中国对东盟投资的产业状况

相关数据表明，2019 年中国企业对东盟投资的主要产业方向和国家是：第一大产业制造业投资额为 56.71 亿美元，占 43.5%，且该行业投资主要分布在印度尼西亚、泰国和新加坡；服务业投资额为 11.89 亿美元，占 9.1%，主要投向新加坡和印度尼西亚；批发和零售业投资额为 22.69 亿美元，占 17.5%，新加坡是主流投资国。此外，在新加坡、老挝等国投资的交通运输业、仓储和邮政业达 4.21 亿美元，占 3.2%；投资额达 8.89 亿美元的能源产业占比 6.9%，主要投向越南、印度尼西亚等国；金融业投资额为 7.96 亿美元，占比为 6.1% 的金融业投资区位更看好新加坡、泰国等较为经济实力强的国家；科学研究与技术服务业投资额达 2.13 亿美元，约占 1.6%，该行业主要分布在新加坡、马来西亚等国。《2021—2026 年中国对外贸易行业市场前瞻与投资战略规划分析报告》显示，中国企业对新加坡地区的投资产业最为丰富，投资额达 48.26 亿美元，占比将近是对东盟总投资的一半，其中对租赁和商务服务业的投资最受欢迎；印度尼西亚以投资额为 22.23 亿美元、占比为 17.1% 位居第二，其中制造业、采矿业等是主流行业。中国企业对东盟的投资产业分布具有多样性，且主要投向新加坡、印度尼西亚、越南等国，仅对前五个行业的投资比例就超过 70%，而对其他行业的投资不足30%（见表 5-25）。

表 5-25　2019 年中国对东盟的投资存量、比重和主要投向国情况

行业	流量			存量		
	金额（亿美元）	比重（%）	主要投向国	金额（亿美元）	比重（%）	主要投向国
制造业	56.71	43.5	印度尼西亚	266	24.2	印度尼西亚
租赁和商务服务业	11.89	9.1	新加坡	188.52	17.2	新加坡
批发和零售业	22.69	17.5	新加坡	178.11	16.2	新加坡
电力/热力/燃气及水的生产和供应业	8.98	6.9	越南	94.98	8.6	越南
建筑业	4.74	3.6	柬埔寨	79.08	7.2	柬埔寨
采矿业	−0.53	−0.4	——	77.04	7.0	印度尼西亚
金融业	7.96	6.1	新加坡	68.85	6.3	新加坡
农/林/牧/渔业	5.64	4.3	老挝	53.61	4.9	老挝
交通运输/仓储和邮政业	4.21	3.2	新加坡	37.89	3.5	新加坡
房地产业	0.24	0.2	——	16.08	1.5	马来西亚
科学研究和技术服务业	2.13	1.6	新加坡	12.22	1.1	新加坡
信息传输/软件和信息技术服务业	1.83	1.4	——	11.89	1.1	新加坡
居民服务/修理和其他服务业	1.43	1.1	——	4.90	0.4	马来西亚
教育	0.07	0.1	——	2.59	0.2	——
卫生和社会工作	0.47	0.4	——	2.26	0.2	——
其他行业	1.78	1.4	——	4.89	0.4	——
合计	130.24	100		1098.91	100	

数据来源：《2021—2026 年中国对外贸易行业市场前瞻与投资战略规划分析报告》。

如图 5-10 所示，2010—2019 年，中国对东盟的投资流量以及存量每一年都有显著的增长。相比于 2010 年，2019 年的投资流量增长了近 2 倍，而投资存量则增长了 6 倍之多，这表明，中国企业愈发重视对东盟国家的投资，但相对于发达国家对东盟的投资比重，中国对东盟的投资依旧存在巨大的增长空间。

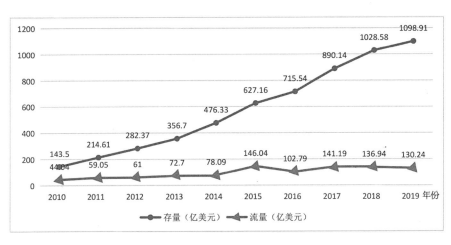

图 5-10　2010—2019 年中国对东盟投资存量、流量对比折线图

资料来源：《2019 年度中国对外直接投资统计公报》。

2. 中国对东盟各国投资存量对比情况

在中国企业对东盟投资的区位分布上，投资状况呈现出严重的两极分化现象。不难发现，中国企业对东盟各国的投资选择往往更倾向于东盟国家中经济实力较强的国家。相关数据显示，截至 2019 年末，中国企业对新加坡的投资量为 526.4 亿美元，而对东盟其他国家的投资总额为 571.8 亿美元，所以在对东盟投资的区位选择上，东道国的经济实力也是其影响因素之一（见图 5-11）。因此，中国在东盟的投资区位分布不均十分明显，从而显现出来的针对东盟各国投资的国家风险也截然不同。

从图 5-11 可以看出，近些年来，泰国、越南等经济实力较为平均的东盟国家与中国企业的经济往来一直保持着较为平缓的状态，而文莱和菲律宾由于国土面积和经济的原因，其投资国家风险与其他东盟国家存在很大差异，投资量一直未能实现更好的发展。2015年和2019年，新加坡和印度尼西亚均位于中国对东盟投资数量的前两名（见图5-12）。老挝、越南、马来西亚和泰国因其投资量不及中国对新加坡投资量的1/5，从而拥有较大的投资潜力。新加坡是CAFTA中唯一的发达国家，拥有先进的科学技术和丰富的管理经验，中国企业对其投资的国家风险也相对较小，一直以来都是中国对东盟投资的重要组成部分，对于新加坡的优势产业，中国应加大投资力度，借鉴其先进的科学技术和管理经验，进一步推动中国企业和科技的快速发展。

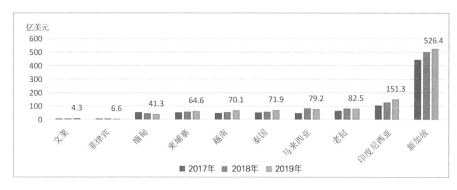

图5-11　2017—2019年中国对东盟各国投资量

资料来源：《2019年度中国对外直接投资统计公报》。

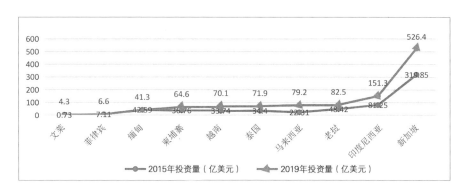

图5-12　2015年和2019年中国对东盟各国投资存量对比图

资料来源：《2019年度中国对外直接投资统计公报》。

根据图 5-12 可得知，从 2015 年到 2019 年，在中国对东盟国家的投资中，对新加坡投资量的增速是最快的，5 年间增长了近 65%。老挝、马来西亚、泰国和越南的这四个投资量差距不大的东盟国家的经济发展相对较为落后，对其投资存在的国家风险也较大，但它们拥有大量的自然资源和廉价的劳动力，若中国企业能够充分利用这些资源就可以有效降低生产成本。落后的经济条件使得这四个国家在产品出口发达国家时限制政策较少，若中国企业在这些国家进行生产，就利用这些优惠政策，然后把成品出售给发达国家，最大限度地绕过贸易壁垒。因此，适当地增加对东盟中经济发展水平较低国家的投资，对中国企业产品出口也存在着极大的促进作用。

总而言之，中国企业对东盟各国的投资额存在着不同程度的差距，相对应的，对其投资的国家风险也存在着较大的差距，虽然这一差距正在不断缩小，但仍将长期存在。

3. 中国对东盟投资的动力及风险特征

中国与东盟自贸区成立以来，我国与东盟国家的贸易额快速增长，特别是"一带一路"倡议提出以来，越来越多的中国企业开始走出去，东盟已成为中国企业重要的海外投资市场。与此同时，由于东盟国家的投资环境的特殊性与复杂性，其文化风俗、政治环境、经济情况、社会管理、环境保护等因素都将是中国企业对东盟投资的潜在风险因素。如果中国企业对东盟投资过程中，未能较好认识并调节对东盟投资过程中的东道国利益相关者的利益需求，将可能引发由此产生的风险。目前，中国企业对东盟的投资过程中遇到诸多的风险，造成投资的巨大金额损失。本书从利益相关者角度出发，研究中国企业对东盟国家投资过程中，可能面临的由于在利益相关者所引起的风险，从而有效识别和防控中国企业对东盟投资风险，从而有针对性地提出对策建议。

（1）中国企业对东盟投资的动力

中国企业对东盟的投资主要依靠自身的产业优势、资源开发、基础设施等条件，这些特定优势给予中国企业对东盟的投资快速发展，积累了一定的海外投资经验，形成一定的竞争优势。中国企业对东盟投资领域来看，主要体现了中国企业的特定优势，主要有以下几种类型：

第一，获取能源资源。随着经济社会的快速发展，中国在资源、能源、矿产等方面存在较大的需求缺口，而东盟国家的这些资源成为中国企业对东盟投资的直接动机。中国企业对东盟国家投资多为东道国自愿开发类项目，这些项目主要集中在原材料、能源、矿产等领域。这些投资领域有着较强的政治敏锐性；与此同时，对东盟国家实施项目管理的经验不足，且依赖国内商业中采用的非正规路径解决出现的问题，易出现与社区、社会、环境、工会、政治团队等利益相关者的关系紧张，从而引发东道国发生针对中国资本的风险事件，当地群众产生的强烈反抗与抵触，最终导致投资项目的中止或失败。

第二，基建能力与经验。东盟各国经济发展水平差异较大，多数东盟国家基础设施不完善，基础设施建设市场需求量大；与此同时，多数东盟国家受到技术、成本、人力、资金等原因，本国企业难以满足经济发展所需的基础设施建设。目前，中国企业对东盟国家的基础设施投资项目，主要集中在越南、缅甸、印度尼西亚、马来西亚、菲律宾等国，涉及的主要有通信、交通、能源等领域。一方面，中国企业在基础设施建设方面的技术、装备不断完善，在区域范围内，具有较强的比较优势；另一方面，由于中国建筑行业的产能过剩，国内对相关行业的控制，中国企业在建筑成本、劳动效率、设备成本等方面，具有绝对优势，中国企业走出去具有较强的比较优势。

第三，获取市场资源。随着中国经济质量不断提高，产业技术不断升级，随之而来的劳动力成本不断增加，企业成本不断攀升，产品竞争力下滑，出现了产能过剩。因此，越来越多的劳动密集型的工业型企业逐渐向东盟国家转移。众多中国企业选择在东盟投资建厂，多基于接近市场、劳动力低廉、原材料获取等方面的考虑。中国企业在东盟国家投资的制造加工项目，在促进当地经济、就业的同时，不可避免地对当地企业产生了竞争，如何正确看待"鲶鱼效应"，与东道国的利益相关者密切相关，这极大地增加了中国企业对东盟投资的风险。

第四，技术比较优势。近年来，中国经济高速发展的同时，中国企业在水电、交通、新能源、信息、农业等领域积累了较先进的应用技术，而这些领域在东盟国家的需求较大。对东盟投资过程中，越来越多的中国企业采用技术转移方式投资项目，如"南南合作"型技术转移项目。早在 2013 年，我国就成立了"中国—东盟技术转移中心"，促进了中国企业与东盟国家的交流与合作。在这些领域，往往前期投资大、建设周期长、回报周期长、政府参与度高等特征，极易受到东道国利益相关的影响，如政府换届，对上届政府签订与在建的项目予以推翻，此类风险在中国企业对东盟投资中屡见不鲜。

（2）利益相关者是中国企业对东盟海外投资风险的风险源

由于文化、政治、历史等原因，中国企业对东盟投资呈现出复杂、多样及广泛性等特点，从而构建出多种不同风险组合的风险成分。中国企业对东盟投资面临的风险，主要包括政治、经济、社会、宗教等。从表面上看，中国企业对东盟投资的风险主要是由于中国企业不了解东盟国家政治环境、文化差异、法律法规、宗教信仰、民族风俗等引起的。从诱发风险的主体来看，中国企业对东盟投资项目遭受的风险主要是对东道国的投资相关涉及的利益相关者管理不当造成的。如中国企业比较重视与执政者或官员沟通，建立良好关系，却忽视了与工会、社区、媒体、议会、反对派、民间组织等利益相关者的意见，这极易在这些利益相关者中爆发针对中国企业的风险。

总的来说，以上所述风险均可归入对东盟投资的利益相关者范畴。对东盟投资的风险产生是因为中国企业与东道国利益相关者沟通不畅所导致。自 Ansoff（1965）第一次提出"利益相关者"概念开始，企业就很快运用利益相关者框架到企业管理风险中去分析与研究。由于中国企业对东盟投资的项目往往具有投入复杂化、金额大、周期长等特点，这必然引起东道国不同的利益相关者的关注，将给投资项目带来潜在的诱发风险因素。不同投资类型项目的利益相关者对项目会有不同的利益需求，因此，中国企业如何有效与东道国利益相关者进行沟通，实现多赢局面尤为重要。因此，为了更好地有效预防中国企业对东盟投资的风险，需要对投资项目东道国的利益相关者进行有效的观察、识别及管理分类。

4. 海外投资的风险框架及生成原因分析

（1）基于利益相关者理论的中国企业对东盟投资风险分析框架

Freeman（1984）认为，利益相关者是能影响组织目标实现的人或团体。从该定义来分析，中国企业对东盟投资的可能诱发风险的利益相关者是指对投资产生一定负面影响的可能诱发风险的团体或个人。可能诱发风险的利益相关者主要指那些对中国企业投资项目有着利益或预期利益的团体或个人，包括工会、行业协会、政治群体、工人群众、宗教团体等。这些东道国利益相关者与投资存在利害关系，这些关系可能是政治上的，或者是法律方面、环境保护方面等，东道国利益相关者成为中国企业对东盟投资风险的重要风险源（见图 5-13 ）。

图 5-13　对东盟投资风险的利益相关者分析框架

借鉴 Savage 和 Blair（1991）的思路分析，根据利益相关者的利益需求不同，将中国企业对东盟投资风险的利益相关者从威胁性与合作性两个维度进行划分，根据其程度高低，分为反对类、支持类、混合类与边缘类四类型。定义的四类型利益相关并非一成不变的，在中国企业对东盟投资的过程中，利益相关者的利益诉求会随着环境的变化而发生变化。目前，中国企业对东盟投资风险的利益相关者多为混合类，其威胁性与合作性并存，且均处于较高水平。如能较好地满足利益相关者的诉求，利益相关者可能由混合型转变为支持型，并在一定时期内形成稳定的平衡局面；反之，则有可能成为反对类的国家利益相关者。由此可见，利益相关者成为中国企业对东盟投资风险产生的"关键人"。中国企业对东盟投资风险的利益相关者主要有：

第一，东盟国家的官员与地方政府。东道国在吸引外资初期通常表现出较强的合作性，当项目进入实质建设阶段，因为政府更替、政治群体争斗、官员腐败等原因，对中国企业投资项目予以发难，绝不履行合同或人为制造问题刁难，导致投资项目中断，甚至是投资失败。

第二，工会与雇员。东盟国家的工会具有较强的影响力，积极为工人争取提高劳动报酬、改善工作环境条件等。中国企业由于照搬本土的管理模式，未能较好考虑当地员工的生活特点、文化差异，极易产生管理上的冲突；与此同时，中国企业缺乏与工会沟通的意识与经验，极容易形成由工会组织罢工或反抗。

第三，媒体和社会组织群体。中国企业对东盟投资过程中，不仅面临着投资项目过程中事项，同时面临着当地的竞争者、潜在竞争者、国外竞争者通过媒体恶意炒作的方式对中国企业进行合力绞杀。近年来，在部分东盟国家的利益相关者通过媒体恶意炒作"中国殖民主义""中国投资威胁论"等，将中国描述为"掠夺者""殖民者"，不明真相的东道国民众极易受到"爱国主义""民族主义"的影响。

第四，反政府组织、民族、宗教。部分东盟国家内部不稳定，国内积累了较深的矛盾和冲突。中国企业对这些东盟国家投资之初，往往这些可能存在的恐怖主义组织、极端民族主义组织、反政府组织、极端宗教组织等引发风险在一时难以触发，中国企业极易认为万一发生该类风险，政府也会出面较好地解决，从而有意或无意地忽视该类风险。这些可能存在的风险，这不仅给中国企业对东盟投资项目的建设与跟进带来极多复杂多变的不确定性，且对于在国外的国内人员的人身安全与公司财产等带来威胁。

第五，当地群众和社区。东道国项目所在地的群众与社区，是我国对东盟投资项目的直接利益受益者，同时，也是当地相关产业的竞争者。投资项目在给东道国所在区域带来直接的税收、就业、消费等，同时，可能项目也给当地相关产业或竞争产业带来了冲击，也可能由于不同国情，当地群众和社区对环境、工作环境、宗教等方面带来的冲突。因此，在对东盟投资时，要关注所在地群众与社区各方面利益需求。

（2）东道国利益相关者三元结构的风险源分析

从宏观层面来看，对东盟投资的风险就是对东盟投资项目在决策、实施及运作过程中出现的由于东道国国家宏观层面的政治、社会、经济等非商业、非市场类的风险因素；从中观层面看，则为投资过程中出现的由于项目所在地政府、组织、社会、宗教、社团等因素所触发的风险；从微观层面来看，其风险主要是对投资项目的东道国利益相关者的管理不当引起，是由企业与国家的两个风险层共同作用的结果，称为三元结构。

第一，企业层面形成的风险。中国企业对东盟投资遭遇风险，多为对涉及项目的东道国利益相关者管理不当引起。如过于依赖国内经验套用到国外、忽视对环境的保护、对民风民俗的不够了解、不重视外国的环境等从而带来的风险，并与东道国媒体、社区、社会组织等方面沟通不足，往往本可以在萌芽状态沟通解决的，却发展到难以解决。对东盟投资项目的利益相关者分为派生性与规范性两类利益相关者，规范性的利益相关者是指与企业有直接的利益关系，而派生性的利益相关者是指与企业没有直接利益关系，但是有间接的利益关系，会对企业产生潜在影响。因此，中国企业对东盟投资时，除高度关注需对执政当局、地方政府的利益外，还应重视东道国工会与雇员、媒体与社群组织、民族与宗教、当地群众与社区等利益相关者，从企业利益与安全角度实现对于利益相关者利益的平衡尤为重要。中国企业应准确地分析及识别对东盟投资项目的利益相关者的利益诉求，并满足利益相关者的合理的政治、经济、社会等利益诉求，同时不能一味地无休止地满足，应重视各利益相关者之间的利益分配，形成良好的博弈关系与制衡关系。

第二，社会层面形成的风险。除了从企业层面考虑风险之外，从社会层面来看中国企业对东盟投资的风险。从社会层面来看，中国企业对东盟投资的项目落地，既包括了东道国国家层面高度关注的项目，也包括了地方政府层面高度关注的项目，无论是国家层面高度关注，还是地方政府高度关注的项目，项目所在地都有其在经济、税收、就业、环保等期望与诉求；同时，部分中国企业在决策和运作过程中存在透明度不高等问题，也容易引发地方政府、当地雇员、当地社会组织、民族、宗教等方面组织与机构的"担忧"，这种"担忧"容易被部分利益相关者所引导与操控，极易诱发对中国企业投资的风险。中国企业习惯于国内商业模式，能较好地与地方政府沟通，确容易忽视项目所在地的区情、人文、社会、民族、宗教等方面的因素，一旦出现敏感性事件，往往过于依赖于当地政府，而忽视了与上述相关机构与组织的沟通协调，未能较好地对派生性的利益相关者进行管理。

第三，国家层面形成的风险。除了从企业层面、社会层面考虑风险之外，还应从"系统风险观"角度考虑中国企业对东盟投资风险的国家层面因素。从国家层面考虑，我国对东盟投资多为国有企业的资源、能源、基建等大型项目，极易引起东道国国家层面的"不信任"；这种东道国国家层面的不安，政府的更迭、政治派别斗争等，均极易诱发对中国企业投资的风险。中国企业对东盟投资多集中于基础设施、通信、能源等敏感性行业，这些行业的中国资本容易引起东盟各国的"警惕"。中国企业对东盟投资易受政治猜忌和质疑，往往正常的商业行为也容易被东道国的误解，或西方国家的过分解读甚至曲解。由此可见，中国企业对东盟投资应对东道国国家层面的投资环境有客观全面的认识，对东盟投资企业应积极与我国在东道国大使馆保持联系，特别是经济参赞获取相关资讯与预警信息，以及遭遇风险后的应对与救济。

5.中国企业对东盟投资国家风险防控机制

参考相关对外投资风险的研究成果，结合风险管理理论与利益相关者理论，在考虑投资项目利益相关者对投资影响的基础上，尝试构建中国企业对东盟投资的风险防控机制，其主要包括对外投资风险的决策机制、利益协调机制、分担机制、利益相关者动态管理机制四个部分。

（1）建立对东盟投资风险的决策机制

中国企业对东盟投资的项目决策过程中，要对投资项目的利益相关者所进行管理，避免由于利益相关者所引发的风险。建立基于利益相关者对东盟投资风险的识别机制。通过识别风险从而评估其风险水平，做出风险预警，从而辅助投资项目决策；建立相应的人员、制度、组织等保障政策，保证海外投资项目风险决策能正常且高效运行；加强企业对投资项目的监管能力，提高管理团队对风险的识别、预警、防范与应对能力。中国企业的项目管理团队应加强与东道国利益相关者的联系与沟通，通过激励、引导等方式，对不同的利益相关者进行利益平衡，在实现项目目标的基础上，促成各利益相关者的利益诉求，降低企业投资的风险。

（2）完善对东盟投资风险的利益协调机制

中国企业对东盟投资风险管控过程的同时也是处理与协调项目利益相关者的过程。利益相关者的利益协调机制要坚持合作共赢的原则，对不同利益相关者的利益诉求予以区分；努力达成各利益相关者实现对项目共识，实施本地化投资策略，与投资国当地公司进行灵活性的合作、合营、合资，与当地的民众、工会、社会、政府等形成良性的利益共同体；与此同时，实现与间接的利益相关者进行利益共享。提升企业在投资东道国的社会责任，将投资项目与东道国的公益项目结合起来，特别是项目所在地的医疗、教育、环境、文化等项目的支持，从而提升中国企业对东盟国家投资的企业形象。

（3）构建对东盟投资风险的分担机制

中国企业对东盟投资过程中，不仅要与利益相关者形成利益分享机制，也要与利益相关者形成风险分担机制，让所有利益相关者形成以项目为中心的利益共同体，共同防范和应对风险，而不是制造或强化风险。根据风险与利益对等原则，东盟国家利益相关者在分享利益时也要承担着一定的不确定风险；进一步完善对外投资国家法风险的保险制度，通过购买对外投资保险来减小中国企业对东盟海投资的风险所带来损失，从而实现对东盟投资发生的风险引起的损失进行补偿和转移。

（4）创新对利益相关者的动态管理机制

客观地看，中国企业对东盟投资的部分项目，由于项目管理团队过于重视执政当局及少数官员的利益，而忽视了一些看似不重要的组织、团体与机构，没能建立全面的利益相关者管理机制，常常出现顾此失彼的情况。对不同类型的利益相关者应按照分类、分层的原则进行管理，在此基础上，创新利益相关者的动态管理机制。根据利益相关者的不同类别，采用防御反对类型、监督边缘类型、联合混合类型、整合支持类型等策略，最大限度地开发和整合支持类型利益相关者的合作潜能，尽最大可能与利益相关者合作，减少或防止给项目带来威胁。

在"一带一路"倡议的背景下，东盟国家已经成为中国企业对外投资的重点区域。这对中国企业的"走出去"以及国内产业结构性改革和产业结构优化升级，促进国际产能合作都有重要的意义。但是，由于企业在利益相关者管理不当，很多企业对东盟投资面临频繁的风险，利益相关者已经成为中国企业对东盟投资风险产生的关键要素。基于威胁性与合作性两个属性，分析了支持、混合、反对、边缘四种不同类型的利益相关者，这四类的利益相关者关系不是永远不变的，而是会随着环境的变化而改变。中国企业对东盟投资的动力因为中国企业特定优势，投资项目包括基础设施投资类型、制造加工投资类型、资源获取类型、技术转移投资项目类四种主要类型。中国企业对东盟投资的利益相关者包括政府、民众、宗教、竞争者、供应商、顾客、工会和雇员等，不同的利益相关者间的互动及其投资项目的互动均造成海外投资不确定性的项目风险因素。为了有效防控中国企业投资东盟的风险，中国企业应该对海外投资项目的利益相关者的利益诉求和利益结构进行识别和进行防范，建立中国企业对东盟投资风险的防控机制。

6.基于灰色神经网络的中国对东盟投资的国家风险预警模型研究

（1）灰色系统理论

灰色系统是一个系统因素、系统结构、因素关系和系统运作原理等信息不完全明确，既含已知信息，又含未知信息或非确知信息的数理模型，也是研究在有贫信息或小样本信息的情况下解决问题的模型。灰色模型是利用原始序列累加生成点群判定以后的数据序列，然后创建微分方程。建模过程如下：

设原始数据序列为，$X^{(0)} = [x^0(1), x^0(2), \cdots, x^0(n)]$ 在一阶累加之后，形成新的序列 $X^{(1)} = [x^1(1), x^1(2), \cdots, x^1(n)]$。由新的数据序列构成的微分方程为：

$$\frac{dx^{(1)}}{dt} + ax^{(1)} = b \qquad (5\text{-}9)$$

式中：a 为系统发展系数，b 为内生控制变量。

将式（5-9）离散化后得矩阵形式：

$$Y = XB \qquad (5-10)$$

式中：Y 为序列变量矩阵；X 为一阶累加函数矩阵；B 为估计量矩阵。

对式（5-10）按最小二乘法，得：

$$B = (X^T X)^{-1} (X^T Y) = \left| \begin{array}{c} a \\ b \end{array} \right|$$

其中：

$$X = \begin{bmatrix} -\dfrac{1}{2}\left[x^{(1)}(1) + x^{(1)}(2) \right] & 1 \\ -\dfrac{1}{2}\left[x^{(1)}(2) + x^{(1)}(3) \right] & 1 \\ \vdots & \vdots \\ -\dfrac{1}{2}\left[x^{(1)}(n-2) + x^{(1)}(n) \right] & 1 \end{bmatrix} ; \qquad Y = \begin{bmatrix} x^{(0)}(2) \\ x^{(0)}(3) \\ \vdots \\ x^{(0)}(n) \end{bmatrix}$$

则微分方程的解为：$\hat{x}^{(1)}(k+1) = \left(x^{(0)}(1) - \dfrac{b}{a} \right) e^{-ak} + \dfrac{b}{a}$

式中 $k = 0, 1, 2, 3, \cdots$

预测值为：$\hat{x}^{(0)}(k+1) = (1 - e^a) \times \left(x^{(0)}(1) - \dfrac{b}{a} \right) e^{-ak}$

式中 $k = 0, 1, 2, 3, \cdots$

（2）BP 神经网络

BP 神经网络是一种按照误差逆向传播（Back Propagation）算法反复训练，有多个层次反馈的神经网络，是目前应用最广泛的一种神经网络模型。这模型的结构上分为输入层、隐含层和输出层，具有任意复杂的模式分类能力以及优良的多维函数映射能力。在 BP 神经网络的反复学习训练过程中，预先设定 $E = \dfrac{1}{2} \sum\limits_{k=1}^{m} (y^k - c^k)^2$，$y^k$ 而代表网络期望输出，c^k 表示网络实际输出，m 表示样本学习的个数。图 5-14 为模型训练过程。

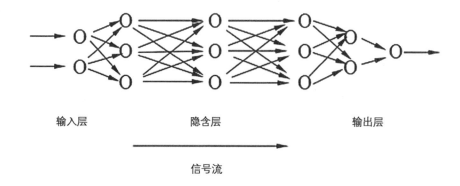

输入层　　　　　　　　隐含层　　　　　　　　输出层

信号流

图 5-14　BP 神经网络学习过程

（3）灰色神经网络组合预测模型

组合预测模型的优势就是预测精度相对较高，预测值比单一模型更准确。通过分别构建灰色 GM（1，1）以及 BP 神经网络模型，构建组合预测模型，如式（5-11）所示：

$$Y = \sum_{t=1}^{n} \left(l_G \hat{x}_{GM} + l_B \hat{x}_{BP} \right) \quad (5\text{-}11)$$

式中：Y 代表组合预测值，t 代表预测时段数，$\hat{x}_{GM}$ 代表灰色 GM（1，1）模型，$\hat{x}_{BP}$ 代表 BP 神经网络模型 l_G，l_B，代表组合权系数。组合权系数 l_G，l_B，可以利用下面的式（5-12）得出：

$$l_k = \frac{\sum_{i \neq 1}^{n} d_i}{\sum_{i=1}^{n} d_i} \times \frac{1}{n-1}，\quad n \geq 2，k=1，2，\cdots，n \quad (5\text{-}12)$$

式中：代表第 k 种模型的组合权系数，适应于 $\sum_i l_i = 1$；d_i 意味着第 i 种模型在预测周期中的残差平方和。在式（5-13）中，取 $n=2$，l_G 来表示 l_1，l_B 来表示 l_2，即可得：

$$l_B = \frac{d_G}{d_B + d_G}，\quad l_G = \frac{d_B}{d_B + d_G} \quad (5\text{-}13)$$

式中：d_G 代表灰色 GM（1，1）模型在预测周期中的残差平方，d_B 代表 BP 神经网络模型在预测周期中的残差平方。

（4）实证研究

为了验证这个基于灰色神经网络的预警模型的有效性，本书参考了《中国海外投资国家风险评级报告》的评级指标，选用世界银行、联合国贸易和发展会议数据库、世界货币基金组织等全公开的数据，便于将预测值与实际值相比较。

世界银行等部门的公开数据，都已经过以美元为单位的一致性处理。为合理反映东盟国家的国家风险变化情况，本书直接采用《中国海外投资国家风险评级报告（2017）》中对 2011—2017 年国家风险的预测值作为基础数据，并结合中国因素变量进行建模（见表 5-26）。

表 5-26　2011—2017 年对东盟投资国家风险预测值

年份	菲律宾	柬埔寨	老挝	马来西亚	缅甸	泰国	新加坡	印度尼西亚	越南	文莱
2011	3.2	3.2	3.2	3.2	4.8	3	0.8	3.3	3.4	3
2012	3.2	3.2	3.1	3.2	4.2	2.8	0.8	3.3	3.4	2.8
2013	3	3.1	3	3.1	4	2.8	0.8	3.2	3.3	2.6
2014	3	3.1	3	2.9	3.8	2.7	0.7	3.2	3.3	2.6
2015	3	3.1	3	2.8	3.5	2.7	0.7	3	3.6	2.6
2016	2.8	3.1	2.9	2.7	3.4	2.5	0.6	2.9	3.2	2.5
2017	2.8	3.1	2.9	2.6	3.3	2.5	0.6	2.9	3	2.5

资料来源：由 2013—2017 年《中国海外投资国家风险评级报告》与中国对东盟投资相关资料整体所得。

第一，灰色 GM（1，1）模型。以菲律宾数据为例，初始化建模的原始序列，可得 $X(0)$ =（3.2，3.2，3，3，3，2.8，2.8），从而可计算原始序列的 1-AGO 生成序列，可得 $X(1)$ =（3.2，6.4，9.4，12.4，15.4，18.2，21），1-AGO 生成序列的紧邻均值生成序列，可得

X（1）（1–AGO）=（4.8，7.9，10.9，13.9，16.8，19.6）。通过计算微分方程，可得灰色模型发展系数 a=–0.0251 和灰色作用量 b=3.2758。将 a 与 b 代入灰色模型中的预测公式，可得微分方程的解：$\hat{x}^{(1)}(k+1)$ $=-127.31 \times e^{-0.0251 \times k}+130.51$（$k$=0，1，2，3，…）。可得预测模型：$x^{\hat{}(1)}$（$k+1$）$=-3.317257424 \times e^{-0.0251 \times k}$（$k$=0，1，2，3，…）。通过预测模型，可计算平均模拟相对误差，平均模拟相对误差为 1.4956%。

同样对东盟其他九国数据按以上方式建模，结果见表 5-27。

$$\hat{x}^{(0)}(k+1)=(1-e^a) \times \left(x^{(0)}(1)-\frac{b}{a}\right) e^{-ak}$$

表 5-27　基于灰色 GM（1，1）模型得到的预测值与误差

序号	国别	a	b	相对误差	2018 年预测值
1	菲律宾	0.0251	3.2758	1.4956%	2.7146
2	柬埔寨	0.0046	3.1747	0.7594%	3.0667
3	老挝	0.0125	3.1361	0.7546%	2.8553
4	马来西亚	0.0428	3.4058	0.6124%	2.4753
5	缅甸	0.0514	4.5449	0.9992%	3.0787
6	泰国	0.0256	2.9529	1.2993%	2.4361
7	新加坡	0.0651	0.8976	3.2587%	0.5537
8	印度尼西亚	0.0287	3.4515	1.1968%	2.7847
9	越南	0.0169	3.5276	3.2642%	3.1092
10	文莱	0.02	2.8185	1.5692%	2.4231

第二，BP 神经网络建模。将对外投资国家风险从经济基础、偿债能力、社会弹性、政治风险与对华关系五大指标体系组成。其中，融入了中国特色指标，将中国主要领导与东盟各国领导会面次数纳入对华关系指标中。具体指标体系见表 5-28。

表 5-28　模型变量筛选

一级指标	二级指标	指标说明	数据来源
经济基础	通货膨胀	居民消费价格指数（CPI）	WEO、CEIC
	失业率	失业人口占劳动人口的比率	WEO、CEIC
	收入分配	基尼系数	CEIC、WDI
偿债能力	公共债务/GDP	公共债务指各级政府总债务	WEO
	短期外债/总外债	短期外债是指一年或一年以下的债务	WDI、QEDS
	银行业不良资产比重	银行不良贷款占总贷款余额的比重	WDI
社会弹性	内部冲突	社会、种族、宗教冲突严重性，1~10 分，分数越高，内部冲突越严重	BTI
	环境政策	对环境议题的重视，1~10 分，分数越高，环境政策越厉害	BTI
	劳动力市场管制	劳动力市场管制包括雇佣和解雇规定，最低工资和工作规定等，0~10 分，分数越高，劳动力市场管制越低	EFW
政治风险	执政时间	政府任期还剩多少年	DPI
	军事干预政治	军队对一国政治参与程度，0~10 分，分数越低，军事干预政治越严重	ICRG
	政府稳定性指数	政府执行所宣布政策的能力以及保持政权的能力，0~12 分，分数越高，政府越不稳定	ICRG
对华关系	是否签订 BIT	指数 1，表示签订已生效；0.5，表示签订未生效；0，表示未签订	中华人民共和国商务部
	投资依存度	分数越高，对方对中国直接投资依存度越高	CEIC，WDI
	与东盟各国领导公开会面次数	双边领导人会面次数，会面次数越多，关系越缓	新闻网、电视台

注：WDI 为世界银行 World Development Indicators，CEIC 为香港环亚经济数据有限公司数据库，WEO 为国际货币基金组织 World Economic Outlook Databases，QEDS 为国际货币基金组织和世界银行 Quarterly External，EFW 为 Fraser Institute 的 Economic Freedom of the World 年度报告，ICRG 为 PRS 集团 International Country Risk Guide，BIT 为双边投资协定，DPI 为世界银行的 Database of Political Institutions。

以菲律宾为例，设输入层节点数为 15，输出层节点数为 1，隐含层为 2 层。最小训练速率取 0.1，动态参数取 0.6，参数 SIGMOID 为 0.9，允许误差 0.0001，最大迭代次数 1000。隐含层节点数暂设为 1 和 1，对不同隐含层节点数（1-20）分别进行比较。经多次训练比较，两层误差最小的节点数为分别 14 和 6，构成了 4 层 BP 神经网络结构为 15-14-6-1，具体步骤如下。

计算第 1 隐含层各节点的权重矩阵，可得第 1 隐含层各个结点的权重矩阵 X1=

-0.5239 0.4630 -0.7673 0.1088 -0.3202 -0.5942 -0.7253 0.4950 -0.2360 -0.5047 0.5008 0.4373 -0.1017 0.3295
-0.9835 -0.4258 0.1120 0.9533 -0.5236 0.4495 -0.5531 0.5783 0.6442 0.1936 -0.3928 0.2202 -0.8621 0.3237
0.1596 0.5844 -0.1660 0.1229 0.5618 0.3118 -0.2941 -0.6256 -0.3687 0.9674 -0.1018 0.7744 -0.1982 0.0259
0.0535 -0.8063 -1.0703 0.2628 -0.3996 -0.9322 0.2769 -0.3943 -0.7350 0.9266 -0.6453 -0.0475 0.4612 -0.3070
0.2611 0.2021 -0.7712 0.9054 -0.5991 0.0610 -0.6731 -0.6101 -0.0653 0.4812 0.2834 -0.0524 -0.2580 -0.2152
-0.7390 -0.6197 0.0326 0.0536 0.5945 -0.2242 0.1389 -0.6037 -0.9412 0.0605 -0.8873 1.0439 -1.0071 0.2726
0.9743 0.6111 0.8730 -0.9407 0.5981 0.6864 0.2520 0.0843 0.4970 -0.6834 -0.4933 -0.8401 0.2831 -0.5488
0.4485 -0.4913 -0.4555 -0.4557 -0.5951 0.4011 -0.5147 -0.2125 0.1448 -0.3986 0.3329 -0.1587 -0.8641 -0.6217
0.1351 0.6392 0.9358 -0.5037 -0.0480 0.5817 -0.2392 -0.6909 0.6210 -0.5877 -0.2542 -0.9401 0.3151 -0.1820
-0.1238 0.0395 -0.0417 0.4158 -0.6725 0.3778 0.5088 -0.3738 -0.0361 -0.0176 -0.6589 -0.6933 0.4321 -0.7662
0.7095 -0.5187 0.3258 0.3073 -0.4458 -0.4326 0.3256 -0.5648 0.2446 0.3191 -0.7021 0.4529 0.5457 -0.4516
-0.8665 -0.6541 0.4164 0.1134 -0.7689 -0.1957 -0.3501 -0.6036 -0.6925 0.2426 -0.7817 0.0121 -0.6134 -0.3654
-0.0891 -0.1291 0.0341 0.3964 -0.5348 0.0915 0.4905 -0.5144 0.1453 0.6505 0.0228 -0.4471 -0.3944 -0.4479
-0.3026 -0.1310 -0.1460 -0.6021 -0.0502 -0.0473 0.6381 0.6298 0.1209 0.2479 -0.5789 -0.9503 0.7513 0.3890
0.1416 -0.7230 0.4314 0.0526 -0.4619 -0.8965 0.0667 -0.1852 -0.1906 0.1324 0.0512 0.7966 -0.9459 0.0463 ,

然后计算第 2 隐含层各个结点的权重矩阵 X2=

−0.5748	0.9731	−0.5153	0.2911	−0.7156	−0.3120
−0.5480	0.2765	−0.4828	−0.1380	−0.2444	−1.3393
−0.4077	1.2558	0.0062	−0.5071	−0.7134	−0.4011
−0.2107	−0.8932	−0.0388	−0.8224	0.9419	0.8501
0.1158	0.2464	0.8088	0.6154	−0.5307	−0.0484
0.1014	0.6364	0.5498	0.1487	−0.3581	−0.4250
−0.1313	0.2164	−0.0517	0.6999	−0.3406	−0.6777
−0.2188	0.7069	0.1474	−0.1833	−0.0080	−0.2404
0.0561	0.6000	0.2447	0.7819	−0.4869	−1.1049
0.7683	−0.5675	−0.4913	0.4375	0.9369	0.3855
0.2140	0.6759	0.4222	−0.2835	−0.8404	0.1488
0.9778	−1.7394	−0.5980	−0.2345	0.5319	1.0820
−0.8305	1.4664	0.6254	0.8215	−0.9911	−0.7001
−0.1356	0.3222	0.0754	0.2873	−0.2260	0.6574

从而计算出输出层各个结点的权重矩阵

YT=（1.2963，－3.7975，－0.7852，－0.7299，2.4206，2.8423），通过计算训练样本的残差，求得均方误差MSE=0.0000144，残差标准差RSE=0.004103，平均绝对偏差MAD=0.002717，从而得出基于BP神经网络模型的国家风险预测值与误差（见表5-29）。

表5-29　基于BP神经网络模型得到的预测值与误差

年份	实际值	预测值	残差
2010	3.2	3.197796	－0.002204
2011	3.2	3.191927	－0.008073
2012	3	3.000403	0.000403
2013	3	2.999663	－0.000337
2014	3	3.000188	0.000188
2015	2.8	2.803627	0.003627
2016	2.8	2.804188	0.004188

同理，可以算出其他东盟九国的基于神经网络的国家风险预测值。

组合灰色神经网络：

步骤1，计算组合权系数，其中，d_G=（实际值－灰色GM（1，1）模型预测值）2，d_B=（实际值－BP神经网络模型预测值）2。将d_B，d_G代入式（5-11），可以得到组合权系数（见表5-30）。

表5-30　组合权系数表

序号	国别	DG（灰色模型）	DB（神经网络）	ID	IB
1	菲律宾	0.01655	0.000404035	0.0238	0.9762
2	柬埔寨	0.00474	0.00000231332	0.0005	0.9995
3	老挝	0.00416	0.0000539624	0.0128	0.9872
4	马来西亚	0.00306	0.000988704	0.2442	0.7558
5	缅甸	0.01287	0.00239925	0.1571	0.8429

序号	国别	DG （灰色模型）	DB （神经网络）	ID	IB
6	泰国	0.01155	0.000140128	0.0120	0.9880
7	新加坡	0.00353	0.0000441569	0.0124	0.9876
8	印度尼西亚	0.01096	0.0000606079	0.0055	0.9945
9	越南	0.14417	0.000170653	0.0012	0.9988
10	文莱	0.0133	0.00043605	0.0317	0.9683

步骤 2：以菲律宾为例，根据式（1）$X = \sum_{t=1}^{n} l_G \hat{x}_{GM} + l_B \hat{x}_{BP}$，即灰色组合模型 = 灰色 GM（1，1）模型 ×0.5280+BP 神经网络模型 ×0.4720，可得灰色神经网络模型的预测值（见表 5-31）。

表 5-31　不同模型的预测值与实际值的对比

序号	年份	实际值	预测值		
			灰色 GM（1，1）	BP 神经网络	灰色神经网络
1	2011	3.2	—	3.1978	—
2	2012	3.2	3.1557	3.1919	3.1910
3	2013	3	3.0775	3.0004	3.0022
4	2014	3	3.0012	2.9997	2.9997
5	2015	3	2.9268	3.0002	2.9985
6	2016	2.8	2.8543	2.8036	2.8048
7	2017	2.8	2.7835	2.8042	2.8037
8	2018	—	2.7146	2.7834	2.7818

根据以上方法而得出对东盟国家投资的风险预测，如表 5-32 所示。

表 5-32　对东盟各国国家风险的预测

序号	国别	ID	IB	2018 年灰色预测值	2018 年神经网络预测	2018 年灰色神经网络预测
1	菲律宾	0.0238	0.9762	2.7146	2.7834	2.7818
2	柬埔寨	0.0005	0.9995	3.0667	3.1321	3.1321
3	老挝	0.0128	0.9872	2.8553	2.9112	2.9105
4	马来西亚	0.2442	0.7558	2.4753	2.5327	2.5187
5	缅甸	0.1571	0.8429	3.0787	3.0913	3.0893
6	泰国	0.0120	0.9880	2.4361	2.5124	2.5115
7	新加坡	0.0124	0.9876	0.5537	0.5728	0.5726
8	印度尼西亚	0.0055	0.9945	2.7847	2.8241	2.8239
9	越南	0.0012	0.9988	3.1092	3.1215	3.1215
10	文莱	0.0317	0.9683	2.4231	2.4712	2.4697

（4）结论

如表 5-33 所示，灰色神经网络模型对与实际值的拟合精准度高，适用于结合了东盟国家相关的国家风险公开数据进行模型测算的分析。其可以用于在未发生重大国家风险事件之前做好对应的防范措施，还可以对东盟投资未来的国家风险有一个总体变化趋势的判断。

在划分预警程度上，本书参考《中国海外投资国家风险评级报告（CROIC-IWEP）》，把对东盟投资的国家风险划依程度划分为蓝色预警(0-2.5]、黄色预警(2.5-5.0]、橙色预警(5.0-7.5] 和红色预警(7.5-10.0] 四个等级。

直接得出预警结果如表 5-34 所示。

表 5-33　不同模型的预测值与实际值的误差值

序号	年份	实际值	误差值		
			灰色 GM（1，1）	BP 神经网络	灰色神经网络
1	2011	3.2	—	0.0022	
2	2012	3.2	0.0443	0.0081	−0.0353

序号	年份	实际值	误差值		
			灰色 GM（1，1）	BP 神经网络	灰色神经网络
3	2013	3	−0.0775	−0.0004	0.0753
4	2014	3	−0.0012	0.0003	0.0015
5	2015	3	0.0732	−0.0002	−0.0717
6	2016	2.8	−0.0543	−0.0036	0.0495
7	2017	2.8	0.0165	−0.0042	−0.0202
8	2018	—	—	—	—

表 5-34　对东盟各国国家风险预警结果

序号	国别	2018 年灰色神经网络预测	预警结果
1	菲律宾	2.7818	黄色预警
2	柬埔寨	3.1321	黄色预警
3	老挝	2.9105	黄色预警
4	马来西亚	2.5187	黄色预警
5	缅甸	3.0893	黄色预警
6	泰国	2.5115	黄色预警
7	新加坡	0.5726	蓝色预警
8	印度尼西亚	2.8239	黄色预警
9	越南	3.1215	黄色预警
10	文莱	2.4697	蓝色预警

　　由表 5-34 可知，2018 年中国在对东盟投资的预警中，新加坡被判断为国家风险指数最低的国家，与其一样的还有文莱，这两个是被预测国家风险蓝色预警的国家，可对其放心投资；而其余八个东盟国家都给出了国家风险的黄色预警，说明这八个国家需要企业对其采取进一步的国家风险防范措施。

7. 对策及建议

为了更好地对东盟投资的国家风险进行防范，本书将从宏观的国家层面和微观的企业层面给出对策及建议。

（1）国家层面

第一，完善对外投资关于国家风险条约条款制度。目前为止我国已与 100 多个国家和地区签订有双边贸易协定或相关条约，也有为避免双重赋税所签订的协定和中外投资保护协定等，但更应制定一个针对企业对外投资关于国家风险的立法法案，这是为我国企业在海外投资遇到国家风险的情况时，减轻风险所带来的损失的考虑。如果国家能在海外投资发展的同时，不断修订完善关于资本出国后动态管理的国家风险政策或保障措施，明确企业在海外投资所涉及的法律、产权、征税以及企业权益这些方面的责任和权力分界，让企业在海外投资的合法做到有法可依。

第二，建立海外投资的保险机制和国家风险信息整合服务。目前海外投资保险制度尚不完善，企业海外投资抵御风险能力不高，制约了对东盟投资的发展，建立完善的对东盟投资防范国家风险的保险体系，在险种的设置上，针对东盟国家的实际情况予以创新，更好地为中国对东盟投资的企业和投资者服务。

每年国家都会更新来自官方的统计数据，根据新的中国对东盟投资的境外投资存量和流量，可以精准掌握当下东盟市场的变动，以此为依据提出应对国家风险的对策。而官方部门的国家风险评估，会影响着企业对海外投资的选择。同时，政府也应当掌握企业资本在外运转的规模、投资区域、行业特征，以此修订对东盟投资趋势相符且能引导企业向正确的投资方向做出判断的政策，从而减少东盟投资遭遇国家风险受重创的可能性。

第三，加强对东盟投资政策扶持力度。在税收方面，很多企业海外投资都会面临双重赋税的问题，虽签订有双边或多国协议，但税收属地政策还是会存在双重赋税的问题。若能改善，将有利于企业国际化发展。在国家风险评估方面，为鼓励企业到东盟国家投资应放宽更多政策与国家风险防范的指导，例如，增加政府专项资金的政策支持，便于企业在东盟投资环境的国家风险进行考察、市场调研等，减轻企业在调研资金上的负担，提高海外投资调研的工作效率，提高企业积极性。

第四，对东盟投资的管理体系的整体性调整。对东盟投资时，应对海外投资的国家风险防范有一个完整的整体规划和指导。建立统一权威的官方管理机构，简化审批程序，落实产权管理职能，明确对东盟投资国家风险的政府部门职能，保护和监管对东盟投资的资本合法权益与义务。在统一管理的同时加大政策扶持力度，建立长期有效的战略构想。

第五，加快构建对东盟投资的国家风险保护体系。梳理对东盟投资国家风险的引导、促进、服务和保护的制度与政策，结合"一带一路"倡议背景下对东盟投资的外部环境，以此构建针对性的保护体系。在投资待遇制度方面，积极与东盟国家磋商，在公平公正待遇和最惠国待遇方面，国民待遇和特殊规定的内容界定上积极谈判，双方在制度的内容规定上达成一致的共识。在待遇内涵上争取划定清晰，避免含糊不清，最惠国使用范围应该适当拓展，及时跟进投资规则与国际准则接轨，避免国民待遇缺失。在投资保护制度上，明确间接征收的界定，规定征收补偿拖延利息，引入阻止资产转移的情形。在投资争端的解决上，增加国际仲裁争端解决方式，设立对外投资仲裁机制。

第六，规范对外投资经营行为以控制国家风险。为防范和降低因对东盟投资不遵守法律法规的行为而诱发的国家风险，一方面政府应建立针对投资者合法合规经营的监管措施与奖惩制度，监管与奖惩并行，利用政府的权威引导对外投资向合法合规方向发展；另一方面引导海外投资企业改变以往不符合东盟国家国情的公关方式，多参与当地社区公益活动，提高企业在外的形象，可以有所减轻因政治不稳定带来的国家风险受损程度。

第七，完善与国家战略相符的制度与基础服务建设。国家战略是我国经济发展的大导向，自治区的反应速度对企业的利益有着重要影响，制定符合国家战略的制度和基础服务是方便企业资本离岸的质量和速度的保障，改变相关部门对东盟投资的重审批、轻服务和监管的现状，落实完善信息服务体系，建设好"走出去"与"一带一路"倡议的各类中介机构、行业组织的自律与协调，有效帮助企业防范国家风险事件的发生，让企业可以更专业有效地做好对东盟国家的投资。

（2）企业层面

第一，培养面向东盟国家跨国化的经营人才。企业竞争的基本竞争力在于人才储备，这要求企业需要储备大批量的高级的东盟投资经营管理人才，尤其是针对东盟投资的国家风险管控方面的人才，企业的人才水平需求不能得到满足时，可以通过招聘低门槛进入、高质量输出东盟国家工作的方式培养储备人才。还可通过投资高校教研费用，建立校企合作，与高校签订大学生实践基地，培养稳定的人才来源。从自治区的高校中培养一部分，加大全国高校的招聘力度。

第二，加大企业自身核心竞争力。企业不应总是以低廉的价格塑造竞争力，提升品牌给自家产品增加附加值，提高品牌的工艺技术能力，利用升级附加自身品牌在东道国的社会认同不仅注重商业性的因素，更要注重在海外投资东道国的社会责任和环境责任，用有效的理念和战略灵活运用东盟国家的资源，有效改善以往的效益，这是对东盟国家投资的国家风险防范的具体优化措施。

第三，优化对东盟投资结构。从对东盟投资的地域分布上，尚未能均匀分布在东盟十国，呈现倾斜于邻国越南，这与企业所投资的行业偏向初级产品、资源密集型产品和劳动密集型产业有关，因此存在的国家风险很可能会引发资本受到伤害的情况，应优化对东盟投资的地域结构，以此分摊国家风险。此外，在产业的分布上，公司的投资方式可以以合资、跨国收购、兼并的方式，灵活运用资金改变对新型技术产业的投资升级，摆脱依赖低级产业的局面。对东盟投资的结构优化，是把鸡蛋放在各个篮子里防控国家风险的重要方式。

第四，加强对东盟投资国家风险的防范意识。对东盟投资的起步稍晚，因此保护自身利益准备应当充分，如果遇到国家风险时，快速做出对应的防控措施。例如，在国家风险事前，企业应保证依法经营，确保有法可依，做好一旦遇到风险即能得到保护，企业还应对所要投资的东盟国家的国家风险进行评估，预测国家风险的程度与预计的损失并参与保险等；在对东盟投资时，如遇到对方投资者有严重的商业欺诈行为，对自身企业造成严重经济损失并可以证实时，应向国内法院提出申请止付令，命令开户行停止向对方企业付款，切实保护自身的正当利益；而事后为及时止损，可向投保机构申请保险赔付等。

5.2 中国对南海四国投资国家风险传染的现状

近年来，中国企业对南海四国投资逐渐扩大，但投资过程中发生的针对中国企业的国家风险事件时有频发，无论是在南海四国之内的传染源事件（2014年5月的越南"打砸抢中资企业"事件），还是南海四国之外的传染源事件（2019年以来美国打压中国高科技企业），都存在着国家风险传染效应，传染到南海四国，甚至溢出至南海四国之外的国家。

5.2.1 事件简介

政治安全局势的演变是复杂的，有许多力量加强联盟并对抗扭曲越南政府。2014年5月，在越南的平阳省等地发生严重的"打、砸、抢、烧中国企业"暴力事件，该事件导致在越南的投资的中国企业，甚至导致新加坡、中国香港和中国台湾企业受损严重，并出现了人员伤亡。经胡志明市警方调查后，确定为越南某组织利用非法手段，造谣挑起是非，并纠集不明真相的数百名群众和工厂工人，对在区内的中国企业进行了一系列打、砸、抢、烧等行为。据报道，警察尽了最大努力控制此次暴乱事件，并平息了多起可能的骚乱。自该"打砸抢烧事件"发生以来，越南警方一共逮捕了130余犯罪分子，其中被法院起诉的有23人，此后在当地也引起了很大关注。

随后，2015年2月，菲律宾中止中国企业参与菲律宾国家电网的运营。2015年7月24日发生了"7·24菲律宾反华游行"。2015年9月，印度尼西亚政府决定取消由中国企业承建的雅加达—万隆高铁项目。2015年9月17日的"9·17马来西亚反华游行"事件。2018年5月，马来西亚总理马哈蒂尔就职后，一度宣布取消由中国企业承建的马新高铁项目，而后改变立场，寻求推迟这一项目。10月，马来西亚又取消了3个由中企支持建造的管道项目，3个项目粗略计算下来总价超过28

亿美元，折合人民币约为 192 亿元。其中，有的项目已经开工，一停工意味着要我国就要承担上百亿的损失。此外，取消中资项目后，迟迟得不到违约金，或引来多国效仿。

5.2.2 事件原因分析

1. 政治因素

首先，在打砸抢烧事件发生前，由于越南与中国在南海主权上存在纠纷，其在 2014 年恶意干扰、阻止中国企业在西沙群岛有关毗连区内的政策钻井活动。其次，该事件存在第三方国家因素的干扰。其中，以美国为首的第三国因素越发明显。近年来，中美贸易摩擦不断升温，美国以各种显性或隐性方式支持各国针对中国企业投资的国家风险事件，使越南等东亚国家成为在亚太地区的重要棋子。此外，由于历史原因与领土纠纷，越南政府一直对中国投资怀有猜忌之心，这一点极易被别有用心的政治集团或利益集团乃至第三方国家所利用。因此，此次打砸抢烧事件，在事件初期，越南政府的缺位，存在不作为嫌疑。

2. 经济因素

越南与美国经济存在较高的依存度。自 2005 年起，越南的最大商品出口国都是美国，美越两国的贸易金额年均增长速度为 20% 左右。且资料显示，在 2013 年这一年，越南对美国的进出口总额打破了两国历史贸易额最高纪录。不仅如此，与美国的贸易顺差也是有史以来最高，也间接体现出其对越南的国际收支平衡这一方面做出的贡献之巨大。此外，美国对越南给予的经济帮助也不可小觑。2000—2015 年，越南在美国际开发署（USAID）援助计划中，共获经济救助金额约达到 6 亿美元，自此美国成为对越南援助的主要援助国之一。越南获得了来自美国的贸易、投资和援助等，导致越南对美国的依存度逐渐提升。

3. 社会人文因素

自古以来，中国与越南山水相连，民风相通，关系密切。特别是 19 世纪初期，中越两国开始了携手革命，越南革命运动的成功与中国的帮助密不可分，两国携手共进，互帮互助，关系甚好。之后因为领土争端问题的出现，越南开始霸占中国南海附近岛屿以及中国部分边境领土，随后爆发了中越自卫反击战。直到苏联解体，越南与中国才逐渐恢复正常往来，但南海主权分歧依旧存在，仍然影响着中越两国的关系。

5.2.3 事件传染分析

自中国实施对外开放以来，在制造业、基础设施、能源矿产等行业，越来越多的中国企业开始向境外投资。这些行业前期投资难度大、周期长、资金量大等特征，这些行业相对容易遭遇国家风险事件。对外投资的国家风险有在南海四国扩散，甚至扩散到东盟十国中的其他国家。

越南发生针对中国企业的打砸抢国家风险事件，导致中国企业损失严重，该事件成为对外投资国家风险传染的"传染源"。南海四国乃至东盟国家内部的政治、经济、文化等方面的内在联系，针对中国的对外投资风险事件通过一定的途径传导至其他国家，致使其他国家出现"效仿行为"，从而在其他国家发生针对中国企业的国家风险事件。

在 2014 年越南发生针对中国企业的打砸抢烧事件之后，南海四国中的菲律宾、马来西亚与印度尼西亚接连发生了针对中国企业与中国投资的国家风险事件。

5.3 中国企业对南海四国投资国家风险传染现状的诱因分析

5.3.1 东道国国家环境

一国发生针对中国企业的国家风险事件，该事件是否会成为"传染源"从而传染至其他国家，其一定程度上源于国家风险事件发生国以及相关国家国内的政治、经济、文化、社会环境。

如果南海四国以及东盟各国国内政局稳定、政府治理能力强、法律完善、投资环境友好，将大幅降低中国企业可能面临的国家风险；如各国政权频繁更迭、政府治理能力弱、法律不完善、投资环境不友好，发生国家风险事件以及国家风险事件传播的概率大幅度提升。

南海四国以及东盟各国的社会环境、文化环境、宗教信仰等也影响中国企业遭遇国家风险传染的可能性。其中，中国企业对东盟投资易受到国家风险传染的一个主要因素，中国企业对南海四国以及东盟国家的投资，主要集中在信息技术、矿产资源、交通通信等行业，这些行业多为东道国较为敏感的行业，东道国政府对这些行业的外来投资较为警惕，戒备心较强，易受到东道国的猜疑，一旦一国发生针对中国企业的国家风险事件，通过一定的途径，易诱发其他国家发生类似的国家风险事件，从而造成国家风险传染事件。民族极端主义往往对外来投资持敌视态度，而开放多元的社会环境则会持包容态度看待外来投资。一般来说，如果东道国文化与投资企业母国文化差距较小，则有利于增加相互间的沟通、提高工作效率、避免贸易冲突，从而有助于削弱传播途径和传染力，增强易感国家的"免疫力"。但是如果文化差距太大，则易造成误解，摩擦增加，恶化风险，从而强化传播途径和传染力，削弱易感国家的"免疫力"。

5.3.2 第三方干预

区域联盟和第三方国家的干预，对中国企业投资南海四国国家风险的传染造成重要影响。国家间联盟是指东道国为实现双方各自利益或目的而与其他国家组成的一种较为普遍的国家联合行为。东道国与其他国家之间的联盟，极易诱发在其他国家发生国家风险事件，形成"效仿行为"。其之所以会诱发国家风险传染，是因为东道国与第三方国家联盟关系，在特定的环境下，将直接影响中国企业在东道国开展经济活动或投资经营的稳定性。同时，存在无事实上联盟关系的国家，因为共同的利益，在某一事件上的支持或袒护，同样将导致中国企业在南海四国乃至东盟国家投资的国家风险传染。例如，美国对中国华为等高科技企业进行打压，加拿大、澳大利亚、英国禁止华为，日本、越南抵制华为。

5.3.3 我国政府与企业措施

针对我国企业投资南海四国与东盟面临的国家风险，一方面，我国政府要积极妥善处理中国企业在东道国遭遇的国家风险事件，积极维护中国企业的权益，尽最大可能保护和维护中国企业的安全，坚决、合理、合法的据理力争，并通过外交、媒体等途径维护中国企业的合法权益；另一方面，不能忽视国家风险事件的溢出效应，提前做好预防措施，在国家风险事件发生国周边国家及其盟国，开展不同层级、不同类型的活动，以防针对中国企业的国家风险事件在这些国家发生，做好防疫，提高这些国家针对中国企业国家风险事件发生的免疫力。

本章内容主要阐述对外投资国家风险传染机理的理论分析框架，首先分析国家风险传染要素、风险传染过程及路径，然后梳理国家风险传染的基本特征，再阐述不同发展阶段、区域的国家的风险传染异同，最后提出中国企业对南海四国投资国家风险的传染机理的理论分析框架，为下一章的实证研究奠定理论基础。

6.1 风险传染要素

我国对南海四国投资的国家风险传染要素包括风险传染源、传染介质和传染阈值。

6.1.1 风险传染源

我国对南海四国投资的国家风险传染源，往往是基于南海四国中某国发生的针对中国企业的国家风险事件（风险传染载体），该国家风险事件爆发的因素即为传染源。如东道国不作为，任由国家风险事件的发生，极有可能增强传染源的传染性；如东道国积极作为，采取积极的管控措施妥善处理国家风险事件，将大大降低传染源的传染性。导致国家风险事件发生的因素很多，包括政治、经济、文化因素，还涉及法律因素，国家风险事件的发生多数情况是，不是单一因素诱发，是多种因素共同作用的结果。

一旦在南海四国中一国发生针对中国企业的国家风险事件（风险传染载体），如东道国未能有效管控国家风险事件，相关事件爆发的因素（传染源）会通过一定的传染途径，触发其他国家的潜在国家风险的因素，从而传染至南海四国中的其他国家，甚至是东盟国家中的其他国家，易导致在这些国家再次爆发针对中国企业的国家风险事件。因此，一旦南海四国中一国发生针对中国企业的国家风险事件，如不及时干预，进行坚决、有效的管控，从现实情况来看，大概率出现南海四国的其他国家效仿的行为，甚至在东盟的其他国家发生区域性国家风险事件。传染源作为中国企业对南海四国投资国家风险传染过程的 0 号"病人"，如不及时有效地应对，进行"隔离"，极易导致国家风险在南海四国其他国家，甚至是在东盟国家传染。

1. 政治因素

因东道国国内政治变化、国际政治变动或国家政治矛盾等因素，使中国企业对外投资面临着较大的不确定性。加上域外大国的干预，对南海四国和东盟投资的中国企业极易遭遇由此产生的后果。

南海仲裁就是典型案例，受到美国的鼓动，菲律宾单方面将南海问题提交国际海洋法庭，要求对南海领土问题进行争端；南海问题的实质是领土主权和海洋划界问题，而领土主权争议不是《联合国海洋法公约》的规范事项，因此，仲裁庭对这些问题不具备管辖权。由于相关国家的背后操纵，仲裁庭存在随意扩权行为，把本不属于自己管辖范围的事情纳入管辖，是对《联合国海洋法公约》强制争端解决程序的滥用。个别域外大国不断为菲律宾提起仲裁"站台"，声称应当按照《联合国海洋法公约》来解决南海争议，但其自身不仅不是《联合国海洋法公约》缔约国，而且历史上屡屡对国际法合则用、不合则弃，充分暴露了其虚伪性。受南海仲裁影响，中国企业在南海四国受到了不同程度的影响。

2. 经济因素

东盟各国经济发展水平不尽相同，经济易受外部环境的影响，经济风险易发生跨国传染。在对外投资中，东道国宏观经济水平，包括国民收入、通货膨胀、失业、债务、国际收支等一旦出现恶化的情况，经济前景的不确定性，一旦南海四国一国因国家经济原因，发生针对中国投资的国家风险事件，由于各国经济的高关联度，易使对外投资国家风险外溢。

3. 文化因素

东盟国家人口构成复杂，民族文化呈多样性，中国企业对这些国家投资必然要了解东道国的语言、风俗习惯、价值观等，如果不重视文化冲突，极有可能通过文化因素造成社会骚动、群众暴乱、示威游行以及小规模恐怖主义活动等。东盟各国历史文化渊源，对外投资国家风险极易通过文化因素传染到其他国家。

一旦企业在东道国的行为，引发该国发生以上事件，在对投资的中国企业造成损失的同时，东盟国家的历史文化宗教渊源，使得其他国家对东道国行为有感同身受并认为存在潜在危险，易在其他国家针对中国企业的国家风险事件。

4. 法律因素

南海四国各国的法律制度各有不同，对外投资相关的法律法规也不尽相同。有的国家为出于保护本国企业的目的，在外资准入、税收法律政策等方面，既没有"超国民待遇"，也难以获得"国民待遇"，甚至在特定环境下，出现针对某个国家的现象。此外，中国企业与东盟国家存在语言、文化差异，易将中国式解决问题方式套用到东盟国的国情中，极易陷入法律纠纷，从而产生法律因素导致的国家风险的传染。

6.1.2 风险传染介质

一般来说，中国企业对南海四国投资的国家风险传染介质，表征上可以分为区域联盟、经济往来、人文关系、法律制度等。国家风险传染事件在一国发生，并能够发生传染，无论其表征如何，其最根本的特征为该国家风险事件有东道国国家力量（或政治力量）的参与，在周边国家或联盟国家由于联盟关系（无论形式上的还是内涵上的）或政治需要，易在其他国家产生国家力量或政治力量的共情，从而在其他国家发生针对中国企业的国家风险事件。

6.1.3 风险传染阈值

风险阈值是指传染源经过风险阀门所需要的最小值，是判断风险阀门阻止传染源强弱的指标变量，也就是风险积聚由量变达到质变的临界点。一般来讲，企业在正常状态下能够抵御风险能力的极大值就是风险阈值。在研究对外投资国家风险传染的过程中，我们认为，中国企业在东道国在正常状态下能够抵御国家风险能力的极大值就是国家风险阈值。当传染源产生动态风险流时，只有当传染源产生的动态风险流达到甚至是超过国家风险阈值时，风险流才会通过风险传染路径，从而发生风险扩散，增大风险水平；当传染源产生的动态风险流未达到国家风险阈值时，即该风险流不会通过风险传染路径，发生风险扩散可能性非常小。即使国家风险不扩散的情况下，依然会存在发生国家风险事件的可能性，其造成的损失也难以估量。对控制国家风险传染机制的设定是基于风险阈值上的，在我国对南海四国以及东盟其他国家投资过程中，风险阈值的计算和指标的确定对国家风险防范具有举足轻重的作用。

6.2 国家风险传染过程

在传染病学领域，传播途径是指病原体内传染源排出、侵入另一易感机体所经过的途径。对此，风险传染的过程借鉴病毒传播原理。如图 6-1 所示，中国企业对南海四国投资的国家风险传染过程主要由传染源、风险介质、风险途径和风险损失构成流线型发展，传染源是造成损失的主要因素。中国企业对南海四国投资的国家风险传染是指东道国投资环境存在对中国企业不利的风险传染源，传染源通过相应的介质，经过特定的途径或渠道，传染和扩散到对南海四国以及东盟其他国家，从而在这些国家发生针对中国的国家风险事件，使中国企业遭受损失的过程，这个过程通常分为潜伏期、前驱期、发病期、恢复期等四个阶段。

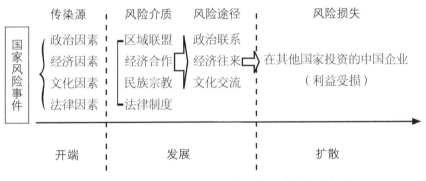

图 6-1　中国企业对东盟投资的国家风险传染流程图

6.2.1 伏期

对外投国家风险传染因素侵入该国国家力量或政治力量，直到国家风险事件爆发前期开始为止，称之为潜伏期。中国企业对东盟投资的国家风险主要是来自东道国投资环境的不稳定性，如政治不稳定、经济波动、文化冲突等，当这些风险因素聚集发生国家风险事件，在东道国投资的中国企业就会遭受利益损失，同时国家风险事件形成传染源。

不同的传染因素，潜伏期长短往往不同。同一传染因素，在不同国家，潜伏期长短也有很大的差异。

一般来说，涉及东道国国家力量或政治力量参与的国家风险传染因素，潜伏期差异范围较小；反之，未涉及东道国国家力量或政治力量参与的国家风险传染因素，其潜伏期差异较大。同一类国家风险传染因素，如潜伏期短促的，经常造成的国家风险事件较为严重；反之，潜伏期造成的国家风险事件较为缓和。

6.2.2 前驱期

前驱期是国家风险事件爆发阶段，其特点是其国家风险事件（即国家力量或政治力量参与）开始表现出来，但其传染性特征仍不明显，难以准确判断国家风险事件是独立事件还是传染事件（类似于感冒，风寒感冒与风热感冒，是不会传染的；而流行性感冒或病毒性感冒，是具有传染性的）。

多数国家风险传染事件的前驱期，仅可观察国家风险事件中国家力量或政治力量参与情况（如东道国主流媒体和官方媒体的报道态度、各党派主要领导人的表态、中国企业投资地官方与民众的反应、东道国网络媒体的舆论、开始出现大规模的损害中国企业的行为等）各传染因素前驱期长短不一，通常 1~6 个月。

6.2.3 发病期

在前驱期之后，该传染因素的特征逐渐表现出现，该期是该因素造成的国家风险时间传染的高峰阶段。对外投资国家风险传染因素通过政治联系、经济往来、文化交流等路径将国家风险传染到其他国家，中国企业对南海四国投资的国家风险传染路径如图 6-2 所示。

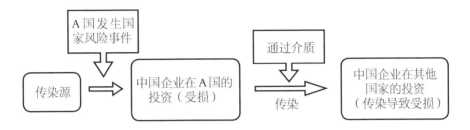

图6-2　中国企业对南海四国投资的国家风险传染路径图

6.2.4 恢复期

当对外投资国家风险事件传染进一步发展，短期内可能出现两种情况：第一，当第三国发生针对中国企业的国家风险事件后，该因素导致的国家风险传染事件，使得该因素在第三国的国家力量或政治力量中增强，或出现投资母国对企业的保护力度减弱。第二，第三国发生针对中国企业的国家风险事件后，该因素导致的国家风险传染事件，第三国的国家力量或政治力量对该因素进行合理的管控，使其在可管、可控范围之内。从长期来看，短期内出现的第一种情况，最终国家力量或政治力量建立新秩序，为吸引外资，将转化为第二种情况。当今后类似传染因素再次出现，第三国对此因素造成的国家风险传染时间有一定的认识和抵抗力，或该因素造成的破坏环境不再有利于该因素的急剧爆发，表现为国家风险传染因素在减退，破坏性逐渐减弱，但后期一定时间内还有国家风险传染因素现象存在。

6.3 对外投资国家风险传染的基本特征

6.3.1 传染的阶段性

中国企业对南海四国投资国家风险传染呈现出阶段性的特征，表现出周期性的"临床特征"。中国企业对南海四国投资国家风险传染过程，可以分为潜伏期、前驱期、发病期、恢复期四个阶段。如上文所阐述，潜伏期主要指一国发生针对中国企业的国家风险事件，相关国家风险诱发因素通过各种途径传染到周边、联盟或相关国家，这些周边、联盟或相关国家（易感群体）开始初显国家风险迹象，尚未出现病症这段时期。不同国家的国家风险诱发因素不同，潜伏期长短也不一。如多国同一时间段发生国家风险事件比单一国家发生国家风险事件要严重，易感染国家的潜伏期也较短；与发生国家风险事件的东道国（传染源）密切往来的国家（易感染国家）比往来不密切国家造成的影响要严重，其潜伏期也短。前驱期指从潜伏期末到国家风险传染事件爆发期前，国家风险事件密集爆发，遭受国家风险事件的国家通常呈现典型的"临床病症"。此类病症具有一定程度的不确定性，需更深层次地验证。发病期指一国发生针对中国企业的国家风险事件后，同时或在一段时间后，在周边、联盟或相关国家也爆发针对中国企业的国家风险事件，即中国企业在其他国家面临的国家风险从隐性转为显性，从不确定到确定的过程；恢复期是指当对外投资国家风险事件传染进一步发展，从长期视角来看，最终国家风险将在可管、可控范围之内。

6.3.2 表现流行性

南海四国中某国发生针对中国企业的国家风险事件，如不及时进行有效防控，短期内，极易在南海四国其他三国，甚至东盟其他国家内迅速扩散。国家风险的传染路径多样，如不及时采取有效措施对国家风险的传染进行防止，其易在迅速扩散、流行，从而出现多国在短期内同一时间段出现针对中国企业的国家风险事件。借鉴传染病流行强度的划分依据，可以考虑将对外投资国家风险传染过程中的发生状态和范围，将国家风险流行强度划分为散发、爆发、流行以及大流行等。散发指发生针对中国企业的国家风险事件在全球呈零星分布，各国发生国家风险事件的时间与地点上没有明显的联系；爆发是指在一个小区域或集体（联盟）（如南海四国或东盟）中短时间内突然发生较多针对中国企业的国家风险事件；流行指在较大区域（如亚洲）范围内，针对中国企业的国家风险事件明显超过以往同期水平；大流行可以界定为在一国（或第三国）国家力量或政治力量干预下，各国普遍缺乏对该类国家风险的免疫力，国家风险诱发因素传播迅速，流行范围超过洲界。

6.3.3 具备免疫性

如同某些人与生俱有或后天产生的特定抗体对特定的传染病具备免疫能力，在中国企业对南海四国投资的国家风险传染过程中，南海四国乃至东盟其他国家在政治稳定、主权掌控、经济稳定、货币稳定、对华关系方面不尽相同，其抵抗国家风险传染的能力参差不齐，从而导致南海四国以及东盟其他国家应对国家风险传染的免疫能力各不相同。南海四国针对国家风险传染的免疫能力影响因素如图 6-3 所示。

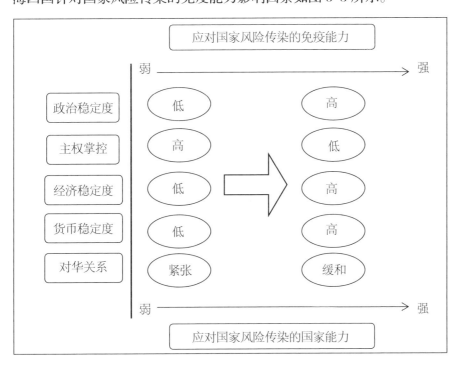

图 6-3　南海四国对国家风险传染的免疫能力影响因素图

6.4 不同发展阶段的东盟发生对外投资国家风险传染的异同

对于不同发展阶段的国家，以及与政府对华关系（含主权争议）的亲疏，应对针对中国企业的国家风险传染问题上，采取的措施会有所差异。

如表 6-1 所示，在东盟十国中，印度尼西亚 GDP 含量是十个国家中最高的，也是东盟国家中唯一 GDP 含量超过万亿美元的国家；新加坡、文莱作为东盟地区的两个发达国家，经济发展状况良好，且新加坡人均 GDP 高达 58229.04 美元，文莱人均 GDP 达 31007.35 美元，人均 GDP 排名均处于世界前列。综合考虑其人均 GDP 与对华关系，可以将新加坡与文莱定义为 A 类东盟国家，即人均 GDP 较高，且对华关系良好，未爆发大规模、多频次的针对中国企业的国家风险事件。此外，泰国虽然人均 GDP 远低于新加坡和文莱，但远高于印度尼西亚、马来西亚和菲律宾，结合其对华关系良好，可以考虑将泰国纳入 A 类东盟国家。这类国家的特征可以总结为，具有一定的经济实力和影响力，总体上对华关系良好。

表 6-1　2020 年东盟十国 GDP、人均 GDP 对比情况

国别	GDP（亿美元）	GDP 排名	人均 GDP（美元）	人均 GDP 排名	对华关系（含主权争议）
印度尼西亚	12908.4	1	4744.06	5	B
泰国	5271.29	2	7605.92	4	A
菲律宾	4420.24	3	3919.61	6	B
马来西亚	4150.02	4	12447.7	3	B
新加坡	3404.4	5	58229.04	1	A
越南	2777.91	6	2881.45	8	B
缅甸	911.67	7	1697.02	10	A
柬埔寨	289.45	8	1728.69	9	A
老挝	223.65	9	3207.28	7	A
文莱	138.06	10	31007.35	2	B+

资料来源：世界经济信息。

马来西亚、印度尼西亚、菲律宾的人均 GDP 分别排名第三、第五和第六，且在对华关系上，均存在主权争议，且均发生过针对中国企业的国家风险事件，可以考虑将这三个国家定义为 B 类东盟国家。与此同时，尽管越南的人均 GDP 排名靠后（排名第八），但其经济增长速度快，承接了中国和其他国家的产业转移，经济实力不容小觑，且同时与中国存在主权争议，可以考虑将越南纳入 B 类东盟国家。这类国家的特征可以总结为，经济发展迅速，对华关系总体平稳，但存在不稳定因素。

老挝、缅甸和柬埔寨四国，可以考虑归为 C 类国家。这类国家基本上在东盟国家经济上总体靠后，人均 GDP 不高，对华关系良好，易受政府更迭影响。这类国家的特征可以总结为，经济水平有待进一步加强，总体上对华关系良好。

因此，中国企业对这三类不同发展阶段与对华关系不同的东盟国家进行投资时，特别是对南海四国投资时，在对外投资国家风险传染方面，都将有较大差异。

再如表 6-2 所示，A 类东盟国家经济能力强且稳定性高，故所承受的国家风险能力较强，且抵抗国家风险传染能力较强，中国企业对 A 类东盟国家投资遭遇国家风险跨国传染的可能性相对较低；处于经济能力一般、经济稳定性较弱的 B 类东盟国家，所承受的国家风险较高，且传染力度较大，中国企业对其进行投资时，应根据实际情况因地制宜，切不可随意而行；而 C 类东盟国家由于经济能力弱、不稳定，所承受的国家风险相对就很高，且风险传染能力大，因此，中国企业在对 C 类东盟国家进行投资时尤其要谨慎，时不时就有可能发生针对中国企业的国家风险事件。

表 6-2　不同发展阶段的东盟国家的风险传染异同

	A 类东盟国家	B 类东盟国家	C 类东盟国家
	新加坡、文莱、泰国	印度尼西亚、马来西亚、菲律宾、越南	老挝、缅甸、柬埔寨

	A 类东盟国家	B 类东盟国家	C 类东盟国家
经济强弱度	强	中	弱
经济稳定度	高	中	低
对华关系	良好	总体平稳，存在不稳定因素	良好，易受政府更迭影响
发生国家风险事件概率	低	高	中
遭遇国家风险跨国传染概率	小	高	中

6.5 中国企业对南海四国以及东盟投资的国家风险传染机理

借鉴传染病学相关理论与方法，结合南海四国以及东盟其他国家感染国家风险的程度不同，可以将其划分为免疫国家、潜伏国家、易感染国家以及已染病国家四类。在国家风险传染未发生前，主要存在免疫国家和易感染国家，前者在应对国家风险传染时具备良好的防范与抵御能力，后者因各种原因应对此类风险能力弱。中国企业对南海四国以及东盟其他投资国家风险传染过程机理如图 6-4 所示。

南海四国或东盟中某国发生针对中国企业的国家风险事件后，与事件发生国在政治、经济、文化等方面有较高关联度与亲密度的国家易被感染（易感国家）。此时，曾经发生过针对中国企业的国家风险事件的国家，掌握了此类事件的应对措施与管控方法，具备了一定的"免疫力"，免疫力强的国家将继续保持自身的免疫状态。免疫力弱的国家可能会被再次感染，成为易感国家。

易感国家被感染后，可能会出现在相当长一段时间内，诱发国家风险的因素与该国应对管控能力的博弈与平衡，并未爆发明显的国家风险传染事件，从而转化为潜伏国家（无症状感染国）。潜伏国家可能在一段时期内不会出现病症，即中国企业未明显地受到其他国家发生的国家风险事件的影响。当潜伏国家不能较好地管控其潜在针对中国企业的国家风险因素（失衡），潜伏国家才会爆发针对中国企业的国家风险事件。此时，潜伏国家转化为染病国家。中国企业对南海四国以及东盟其他投资国家风险在跨国传染过程中，触发国家风险事件的因素，极易受不同东道国所面临的不同环境影响而发生变异，染病国家所感染的国家风险传染因素因变异而产生新的（或更加复杂的）国家风险传染因素。同时，遭遇东道国国家风险事件后，东道国采取相关的措施予以事中或事后管控，以及我国对对外投资企业的保护，使得在东道国发生的针对中国企业的国家风险事件造成的后果得到减轻（即获得治疗和免疫），染病国家恢复为免疫国家。

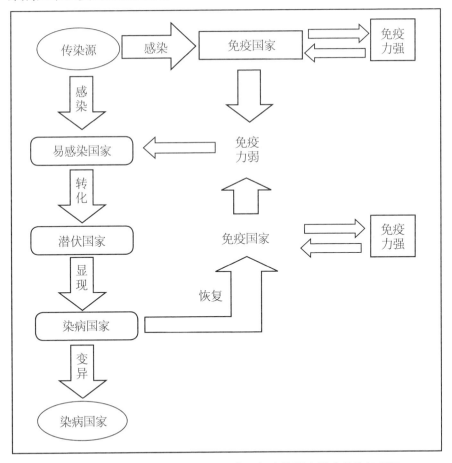

图6-4　中国企业对南朗四国以及东盟投资的国家风险传染机理图

第7章

中国企业对南海四国投资国家风险传染的实证分析

本章通过介绍传染病模型的四种基本模型，基于中国企业对南海四国投资的国家风险传染理论框架分析，发现中国企业对南海四国投资的国家风险传染具有潜伏期，据此建立带有潜伏期的SEIRS传染病模型，仿真模拟中国企业对南海四国投资的国家风险传染过程。

7.1 传染病模型介绍

在医学不断发展的今天，不时有传染病在全球肆虐。为了较好地控制传染病，需要了解传染病传染的规律及其传染效应，通过构建数学模型来分析传染病机理。一般来讲，我们把传染病传染过程中的对象分为三大类群体：第一类是在群体中容易被传染源传染的个体组成部分，称为易感染者（S）；第二类是群体中的传染源，即染病者（I）；第三类是群体中对传染病有免疫能力的个体，即免疫者（R）。根据这些群体的特征，在医学领域中，当群体中易感个体和染病个体接触且传染后，易感个体就会相应的转变成为染病个体，当染病者治疗恢复后就会从染病者转变成为免疫者。倘若免疫者的免疫能力达不到永久免疫的效果，那么免疫者个体经过一定的时间后，又会转为易感染者（见图7-1）。依据这个原理，传染病基本模型就有了 SI、SIS、SIR、SIRS 等类型，不同类型的传染病模型也对应着研究不同原理的传染病。

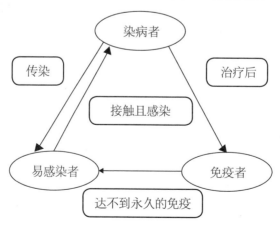

图7-1 传染病传染三大群体的转换

7.1.1 SI 模型

传染病模型以群体中的个体被感染后保持处于感染状态为基础假设。假定其他条件不变，t 时刻的易感个体数用 $s(t)$ 来进行表示，而 t 时刻的感染个体数用 $i(t)$ 来表示，系统总个体数为 N，则有 $N=s(t)+i(t)$。再假设 β 为单位时间内易感个体被感染个体传染的概率，其他条件保持稳定，则 SI 模型变化率推导过程如下：

$$\begin{cases} \dfrac{ds(t)}{dt} = -\beta i(t)s(t) \\[2mm] \dfrac{di(t)}{dt} = -\beta i(t)s(t) \end{cases} \tag{7-1}$$

该模型初始阶段，群体中主要为易感个体，但随着时间的推移，群体中感染个体数量将随时间的推移呈指数增长，由于系统总个体数不变，易感个体数不断减少，从而感染个体数的增长也将趋于平稳状态。由此可以观察出，SI 模型可用于解释对外国家风险事件爆发初期的传染。

7.1.2 SIS 模型

根据上文所述，SIS 模型主要解释感染者被治愈后未获得免疫能力的传染过程，其相关原理与 SI 模型相近，假设感染个体因被治愈成为易感个体概率为 γ，因此 SIS 模型变化推导过程如下：

$$\begin{cases} \dfrac{ds(t)}{dt} = \gamma i(t) - \beta i(t)s(t) \\[2mm] \dfrac{di(t)}{dt} = \beta i(t)s(t) - \gamma i(t) \end{cases} \tag{7-2}$$

假设初始时刻仅有单个感染个体，则有：

$$i(t) = \frac{i_0(\beta-\gamma)e^{(\beta-\gamma)t}}{\beta-\gamma+\beta i_0 e^{(\beta-\gamma)t}} \tag{7-3}$$

令 $\lambda = \beta / \gamma$，当 $\lambda >=1$ 时，8-3 为指数增长曲线。当 $\lambda < 1$ 时，$i(t)$ 指数下降曲线，且最终趋于零。

一般而言，SIS 模型的传染机理如图 7-2 所示，该模型可用于那些反复感染，且治疗恢复后不能获得免疫能力的传染疾病研究。

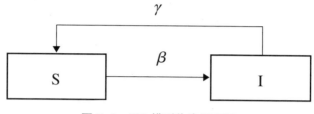

图 7-2　SIS 模型传染机理图

7.1.3 SIR 模型

SIR 模型与 SIS 模型相比较而言，被治疗恢复的个体将具有免疫能力，也就是说不再被感染。因此，在一定时间段内，令 t 时刻免疫个体在群体中的数量用 $r(t)$ 来表示，假设 γ 为感染个体成为免疫个体的概率，则有：

$$\begin{cases} \dfrac{ds(t)}{dt} = -\beta i(t) s(t) \\[2mm] \dfrac{di(t)}{dt} = \beta i(t) s(t) - \gamma i(t) \\[2mm] \dfrac{di(t)}{dt} = \gamma i(t) \end{cases} \qquad (7\text{-}4)$$

SIR 传染机理如图 7-3 所示，该模型只针对那些不仅可以被治愈，且治疗恢复后能够获得永久性免疫能力的传染病研究。

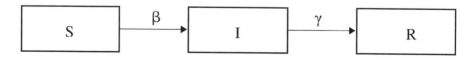

图 7-3　SIR 模型传染机理图

7.1.4 SIRS 模型

从字面意思上来看，SIRS 模型研究的是那些被治愈后且具有再次被感染特征的传染病的传染机理，换句话说，被治愈后的免疫个体在一段时间内再次被同一类型传染源感染。因此，我们可以假设 δ 为被治愈个体再次被同种传染源感染的概率，则 SIRS 模型推导过程为：

$$\begin{cases} \dfrac{ds(t)}{dt} = bN(t) - \beta i(t)s(t) - bs(t) + \delta r(t) \\[2mm] \dfrac{di(t)}{dt} = \beta i(t)s(t) - bi(t) - \gamma i(t) \\[2mm] \dfrac{di(t)}{dt} = \gamma i(t) - br(t) - \delta r(t) \end{cases} \qquad (7\text{-}5)$$

一般而言，SIRS 传染机理如图 7-4 所示，故该模型只针对那些被治愈后不具有永久性免疫能力的传染病研究。

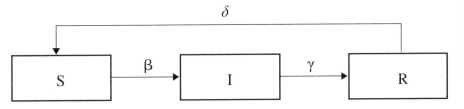

图 7-4　SIRS 模型传染机理图

综上所述，分析对比 SIS、SIR、SIRS 三种传染病模型，被治愈个体能否被再次感染需要进行判断与分析。因此，在计算、研究过程中存在着较大的操作难度，在针对不同的传染问题时，要选用合适的模型进行研究。

7.2 基于 SEIRS 模型的中国企业对南海四国投资国家风险传染分析

传染病模型是用常微分方程描述传染病传播和流行规律的数学模

型，在前面介绍的传统的传染病模型有 SI 模型、SIS 模型、SIR 模型、SIRS 模型。第 6 章已明确指出中国企业对南海四国投资的国家风险传染具有明显的潜伏期，在国家风险未显现前处于隐性状态。因此，通过建立带有潜伏期的 SEIRS 传染病模型，研究我国对南海四国投资的国家风险传染过程及流行规律，是一个新的尝试。

7.2.1 中国企业对南海四国投资国家风险传染的定性分析

从对外投资风险研究历程来看，21 世纪以来，由于经济全球化的发展，中国对外开放进一步深化，在一国发生的针对中国企业的对外投资国家风险事件，易通过传染途径，在其国家发生类似的针对中国企业的国家风险事件。第 6 章中指出，2014 年的越南"打砸抢烧中资企业"事件，国家风险事件扩散到了其他南海四国中的其他三国。而国家风险一般难以实现一次性治愈终身免疫，因此，SIR 模型不适合研究国家风险的传染。

随着国家风险传染的爆发，世界各国也不断地出台和完善对外投资国家风险应对与国家风险传染政策。当某国发生针对中国企业的国家风险事件且呈现出传染趋势时，我国政府、企业、行业等会采取积极的措施，保护企业抵御风险，维护企业安全。国家风险事件发生国在短时间内再次发生针对中国企业的国家风险事件的概率不高。投资的东道国发生针对中国企业的国家风险事件后，相关法律法规也将更加完善，有利于延缓或阻碍国家风险事件的再次发生。因此，可以初步认为对外投资国家风险传染具有"免疫性"。因为传染病 SIS 模型未考虑免疫能力，所以不适用于国家风险传染的研究。

在经济全球化主流环境与局部逆经济全球化环境交织的当下，对外投资面临的国家风险逐渐由现实层向战略层迁移，也变得越来越复杂。现实中，往往会出现原本已经对国家风险传染产生免疫力的国家，由于政党更迭或外界因素的强干扰等原因，再次爆发国家风险事件。因此，这些产生"免疫力"的措施，因为没有考虑国家风险免疫的持续性，所以这些防控措施难以应对新一轮国家风险的传染。因此，一般情况下，国家风险传染的"免疫"难以长期保持免疫力，而是暂时的。在运用传染病模型研究风险传染时，SIRS 模型适用于治疗免疫后具有暂时免疫力的传染病，与国家风险传染的特征相吻合。根据上文提及的中国企业对南海四国投资的国家风险传染具有明显的潜伏期，在国家风险未显现前处于隐性状态。因此，本书采用带有潜伏期的 SEIRS 模型对国家风险的传染进行研究，以期能得出更加符合实际情况的中国企业对南海四国投资的国家风险传染机理。

7.2.2 基于 SEIRS 模型的中国企业对南海四国投资国家风险传染的可行性分析

中国企业对南海四国投资国家风险的传染过程与 SEIRS 模型中传染病传染过程有以下相似之处：

一是南海四国在政治稳定度、主权掌控度、经济稳定度、货币稳定度、对华关系等方面的差异，其应对国家风险传染的能力有所不同，这决定了南海四国对国家风险传染的感染度差异，从而呈现出与 SEIRS 模型中个体的易感状态（Susceptible）、潜伏状态（Exposed）、染病状态（Infected）与恢复状态（Removed）相似的情况，这是运用 SEIRS 模型研究中国企业对南海四国投资国家风险传染的基础。

二从国家风险传染过程来看，东盟国家在政治、经济、宗教、文化等多个领域存在着较高的关联度，故南海四国中某国的综合环境变化将会直接影响到其他国家。因此，一旦南海四国中某国发生针对中国企业的国家风险事件，其国家风险将传染至其他南海四国，甚至是东盟其他国家。如未能有效管控，国家风险事件可能会持续扩散，这与传染病的传播过程类似。

三是风险的传染性。南海四国中一国发生针对中国企业的国家风险事件，如未进行有效的防控，国家风险诱发因素极易扩散至周边或区域国家，从而诱发其他国家发生针对中国企业的国家风险事件。由此可见，中国企业对南海四国投资的国家风险传染与传染病传染类似，具有个体差异性、联动性及风险传播的特征。

7.2.3 SEIRS 模型的建立

1. 研究假设

基于传染病动力学原理，根据传染病学中 SEIRS 传染病模型，构建中国企业对南海四国投资国家风险传染模型。研究假设如下：

假设1：南海四国中某国发生针对中国企业的国家风险事件周期较短（1个月以内），且存在国家风险传染。在国家风险传染期间，区域范围国家总数不变。

假设2：对外投资国家风险传染是没有固定方向。

假设3：南海四国应对国家风险传染存在差异性。某国能够通过国家风险防御措施先获得免疫，称之为免疫国家R；某国在被国家风险传染后，当国家风险得到有效控制时，也会形成对国家风险的免疫。某国缺乏全面的国家风险防御能力，但尚未被国家风险传染的状态，而成为易感染国家S。某国被国家风险传染后，并未在短时间能爆发出国家风险事件，国家风险传染因素潜伏在该国，称之为潜伏国家E。某国被国家风险传染后，并爆发国家风险事件，称之为染病国家I。

2. 模型构建

（1）变量和参数假定

南海四国在国家风险传染过程中的四种状态含义如下：

①易感染状态（S）：缺乏全面的国家风险防御能力，但尚未被国家风险传染的状态，令 $S(t)$ 为 t 时刻尚未被传染但可能被传染国家风险的国家比例，$0 \leqslant S(t) \leqslant 1$。

②潜伏状态（E）：被国家风险传染，但尚未达到感染状态，相关国家风险潜伏，尚未由隐性转化为显性；令 $E(t)$ 为 t 时刻已感染但尚未由隐性转化为显性的国家风险的国家比例，$0 \leqslant E(t) \leqslant 1$。

③感染状态（I）：已被国家风险传染，且可能将国家风险传染传递至其他国家的状态，令 $I(t)$ 为 t 时刻系统中已被国家风险传染处于危机中的国家比例，$0 \leqslant I(t) \leqslant 1$。

④免疫状态（R）：在国家风险传染中获得免疫的国家移出国际风险传染过程；令 $R(t)$ 为 t 时刻已从感染状态移出的国家比例，$0 \leqslant R(t)$

≤ 1。

根据假设 1 可知，$S(t)+E(t)+I(t)+R(t)=1$ （7-6）

则有：$S(t)$、$E(t)$、$I(t)$ 和 $R(t)$ 表示 t 时刻（$t>0$）S、E、I 和 R 类国家中，中国企业遭受国家风险时间的国家数量。四类国家所占比例之为 1，即为区域环境中国家数量。根据各国在国家风险传染中的状态变化情况，在国家数量不变的情况下，对外投资国家风险传染过程如图 7-5 所示。

模型参数设定如下：

β：表示国家风险传染的概率，即在系统中各国的国家风险有效传染概率。

ε：表示处于国家风险传染状态下潜伏国家因国家风险显现而转化为染病国家的概率。

γ：表示处在国家风险感染状态下国家转入免疫状态的概率。

δ：表示免疫状态下的国家丧失免疫转为易感染状态的概率。

β、ε、γ、δ 均为（0, 1]之间的常数。$1/\varepsilon$ 为平均潜伏期，$1/\gamma$ 为平均染病周期，$1/\delta$ 为平均免疫期。

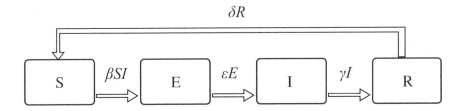

图 7-5　中国企业对南海四国投资国家风险传染的 SEIRS 传染模型

在以上假设和设定的模型参数的基础上，借鉴传染病模型，建立中国企业对南海四国投资国家风险传染的 SEIRS 传染模型，如式（7-7）所示。其微分方程组如下：

$$\begin{cases} \dfrac{dS}{dt} = -\beta SI + \delta R \\[2ex] \dfrac{dE}{dt} = \beta SI - \varepsilon E \\[2ex] \dfrac{dI}{dt} = \varepsilon E - \gamma I \\[2ex] \dfrac{dR}{dt} = \gamma I - \delta R \end{cases} \qquad (7\text{--}7)$$

该模型存在以下三种特殊情况：

（1）当 $1/\delta \to \infty$，即 $\delta \to 0$ 时，南海四国中免疫国家对于国家风险的免疫能力是持续的，免疫国家不会被感染转化成易感染国家，得到 SEIR 模型。

（2）当 $1/\delta \to 0$，即 $\delta \to \infty$ 时，南海四国中免疫国家对于国家风险的免疫能力是极其微弱的，免疫国家因此变为易感染国家，得到 SEIS 模型。

（3）当 $1/\varepsilon \to 0$，即 $\varepsilon \to \infty$ 时，潜伏国家因国家风险显现而转化为染病国家的比例极高，潜伏国家变为染病国家，得到 SIRS 模型。

7.3 SEIRS 模型的平衡点与稳定性分析

由式（7-6）得 $S=1-E-I-R$，将其代入式（7-7），得到中国企业对南海四国投资国家风险传染的 SEIRS 传染模型，其三阶微分方程组如下：

$$\begin{cases} \dfrac{dE}{dt} = \beta\,(1-E-I-R)\,I - \varepsilon E \\[2ex] \dfrac{dI}{dt} = \varepsilon E - \gamma I \\[2ex] \dfrac{dR}{dt} = \gamma I - \delta R \end{cases} \qquad (7\text{--}8)$$

7.3.1 国家风险传染消除的平衡点及稳定性

在中国企业对南海四国投资的国家风险传染过程中，当潜伏类、染病类和免疫类国家数量均为零时，全部国家都是易感染国家，此时传染系统处于平衡状态。当中国企业对南海四国投资国家风险消除时，式（7-8）可取零点 P（0，0，0）。此时，式（7-7）有平衡点 P0（1，0，0，0），该点为中国企业对南海四国投资国家风险传染过程中的一个国家风险消除平衡点，国家风险传染过程处于理想状态，但实际上并不存在。

对于式（7-8）在零点 P（0，0，0）的 Jacobian 矩阵为：

$$J（P）= \begin{vmatrix} -\varepsilon & \beta & 0 \\ \varepsilon & -\gamma & 0 \\ 0 & \gamma & -\delta \end{vmatrix} \qquad （7-9）$$

其特征方程为：

$$（\lambda + \delta）\left[\lambda^2 + \gamma + \varepsilon \quad \lambda + \varepsilon\gamma - \beta \right] = 0 \qquad （7-10）$$

解得 $J（P）$ 的一个特征根为 $\lambda 1 = -\delta$。由于 $\delta \in （0，1]$，可知 $\lambda 1 < 0$。另两个特征根 $\lambda 2$ 和 $\lambda 3$，由方程 $\lambda 2 + （\gamma + \varepsilon）\lambda + \varepsilon（\gamma - \beta）= 0$ 确定。

因 β、ε、γ 均为 [0，1] 之间的常数，则 $\gamma + \varepsilon > 0$，当 $\gamma > \beta$ 时，$\varepsilon（\gamma - \beta）> 0$，表示特征根 $\lambda 2$ 和 $\lambda 3$ 为负数或有负实部；当 $\gamma < \beta$ 时，$\varepsilon（\gamma - \beta）< 0$，表示特征根 $\lambda 2$ 和 $\lambda 3$ 为一正一负；当 $\gamma = \beta$ 时，$\varepsilon（\gamma - \beta）= 0$，表示特征根 $\lambda 2$ 和 $\lambda 3$ 一个为零解，另一个为 $-（\gamma + \varepsilon）$。

因此，根据 Routh-Hurwitz 判别定理可知，当且仅当 $\gamma > \beta$ 时，式（7-8）才具有三个负实部根，表明中国企业对南海四国投资国家风险传染过程中，国家风险消除平衡点是全局渐近稳定的。

7.3.2 国家风险传染流行的平衡点及稳定性

由式（7-8）可知，中国企业对东盟投资国家风险传染过程的任何平衡点均须满足：$dE/dt=0$，$dI/dt=0$，$dR/dt=0$，即有：

$$\begin{cases} S = \varepsilon E / \beta I \\ E = \gamma I / \varepsilon \\ R = \gamma I / \delta \end{cases} \Longrightarrow \begin{cases} S = \gamma / \beta \\ E = \gamma I / \varepsilon \\ R = \gamma I / \delta \end{cases} \qquad （7-11）$$

再根据式（7-6），可得：

$$\frac{\gamma}{\beta} + \frac{\gamma}{\varepsilon} I + I + \frac{\gamma}{\delta} I = 1 \qquad （7-12）$$

则能算出：

$$I = \frac{1 - \dfrac{\gamma}{\beta}}{1 + \dfrac{\gamma}{\varepsilon} + \dfrac{\gamma}{\delta}} \qquad （7-13）$$

此时令 $h=\gamma/\beta$，则 h 为中国企业对南海四国投资国家风险传染过程的阈值，当 $h \geq 1$ 时，中国企业对南海四国投资的国家风险传染过程不存在正平衡点。但因为 $I \in [0, 1)$，所以当 $h=1$，即 $I=0$ 时，传染过程中只有唯一的零平衡点，即国家风险传染消除平衡点。这说明随着时间的流逝，国家风险将在传染过程中逐渐降低。当 $h<1$ 时，中国企业对南海四国投资国家风险传染过程中存在唯一正平衡点 $P'（S'，E'，I'，R'）$，即国家风险传染流行平衡点。国家风险传染流行平衡点由阈值和式（7-12）决定，即有：

$$P'（S'，E'，I'，R'）=$$

$$P\left(\frac{\gamma}{\beta}, \frac{\left(1 - \dfrac{\gamma}{\beta}\right)}{\varepsilon\left(1 + \dfrac{\gamma}{\varepsilon} + \dfrac{\gamma}{\delta}\right)}, \frac{1 - \dfrac{\gamma}{\beta}}{1 + \dfrac{\gamma}{\varepsilon} + \dfrac{\gamma}{\delta}}, \frac{\gamma\left(1 - \dfrac{\gamma}{\beta}\right)}{\delta\left(1 + \dfrac{\gamma}{\varepsilon} + \dfrac{\gamma}{\delta}\right)} \right) \qquad （7-14）$$

对于式（7-8）在正平衡点 P'（E'，I'，R'）的 Jacobian 矩阵为：

$$J = \begin{bmatrix} -\beta I'-\varepsilon & \beta - \beta E' - 2\beta I' - \beta R' & -\beta I' \\ \varepsilon & -\gamma & 0 \\ 0 & \gamma & -\delta \end{bmatrix} \qquad (7-15)$$

将式（7-11）代入 Jacobian 矩阵式（5-15），即得到：

$$J = \begin{bmatrix} -\beta I'-\varepsilon & \beta - \left(\dfrac{\gamma\delta + 2\varepsilon\delta + \varepsilon\gamma}{\varepsilon\delta} \right) \beta I' & -\beta I' \\ \varepsilon & -\gamma & 0 \\ 0 & \gamma & -\delta \end{bmatrix} \qquad (7-16)$$

J 的特征方程为：

$$a_0\lambda^3 + a_1\lambda^2 + a_2\lambda + a_3 = 0 \qquad (7-17)$$

则该特征方程的所有系数为：

$a_0 = 1 > 0$

$a_1 = \beta I' + \varepsilon + \gamma + \delta > 0$

$a_2 = \left(2\varepsilon + 2\gamma + \delta + \dfrac{\varepsilon\gamma}{\delta} \right) \beta I' + (\varepsilon\gamma + \varepsilon\delta + \delta\gamma + \beta\varepsilon) > 0$

$a_3 = 2\beta I' (\varepsilon\gamma + \varepsilon\delta + \varepsilon\gamma) + \varepsilon\delta (\gamma - \beta) > 0$

且 $a_1a_2 - a_0a_3 > 0$

依据 Routh-Hurwitz 定理判据，当且仅当 $a_0>0$，$a_1>0$，$a_2>0$，$a_3>0$，此时 $a_1a_2 - a_0a_3 > 0$ 时，正平衡点 P（S'，E'，I'，R'）是局部渐近稳定的。

基于 SEIRS 传染病模型，中国企业对南海四国投资国家风险传染过程分析可以看出，当南海四国某国发生针对中国企业的国家风险事件时，国家风险不一定会发生传染效应，只有在传染效应达到及突破一定的阈值时，国家风险才会跨国传染。

7.4 SEIRS 模型的仿真模拟分析

7.4.1 中国企业对南海四国投资国家风险传染的机理分析

从上文模型来看，中国企业对南海四国投资国家风险传染趋势主要取决于模型参数的国家风险传染概率（β）、国家风险传染状态下潜伏国家因国家风险显现而转化为染病国家的概率（ε）、国家风险感染状态下国家转入免疫状态的概率（γ）、免疫状态下的国家丧失免疫转为易感染状态的概率（δ）。

1. 易感染状态国家数量变化趋势的影响因素分析

由式（7-7）可得，t 时刻处于易感染状态国家数量的增量为 $dS/dt=-\beta SI+\delta R$。将式（7-6）代入式（7-7）可得，t 时刻处于感染状态国家数量的增量为 $dS/dt=-(\beta I+\delta)S-\delta E-\delta I+\delta$。对该式关于 δ 求导，得到 $d(dS/dt)/dt=-S-E-I+1 \geq 0$，可知在其他参数不变的情况下，国家风险传染概率（$\beta$）越大，易感染状态国家数量的增速越小；免疫丧失率（δ）越大，易感染状态国家数量的增速越快。因此国家风险传染概率提高，免疫丧失率减少，均可以使得易感染状态国家数量的增速减低。

2. 感染状态国家数量变化趋势的影响因素分析

从式（7-7）可得，t 时刻感染状态国家数量的增量为 $dI/dt=\varepsilon E-\gamma I$。将式（7-8）代入式（7-7）可得，$t$ 时刻处于感染状态国家数量的增量为 $dI/dt=(\varepsilon+\gamma)E+\gamma S+\gamma R-\gamma$。对该式关于 γ 求导，得到 $d(dI/dt)/dt=E+S+R-1 \leq 0$，可知在其他参数不变的情况下，当单位时间内潜伏状态的国家数量小于获得免疫及转入易感染状态的国家数量，则感染状态国家数量呈减少趋势。具体来看，在其他参数不变的情况下，国家风险传染状态下潜伏国家因国家风险显现而转化为染病国家的概率（ε）越小，则感染状态国家数量的增速越慢；而国家风险感染状态下国家获得免疫的概率（γ）越小，则感染状态国家数量的增速越快。因此，降低国家风险传染状态下潜伏国家因国家风险显现而转化为染病国家的概率，增大国家风险感染状态下国家获得免疫的概率，可以降低感染状态国家数量的增速。

3. 潜伏状态国家数量变化趋势影响因素分析

从式（7-7）可得，t时刻潜伏状态国家数量的增量为$dE/dt=\beta SI-\varepsilon E$。将式（7-6）代入式（7-7）可得，t时刻处于潜伏状态国家数量的增量为$dE/dt=(\beta S+\varepsilon)I+\varepsilon S+\varepsilon R-\varepsilon$。对该式关于$\varepsilon$求导，得到$d(dE/dt)/dt=I+S+R-1\leqslant 0$，可知在其他参数不变的情况下，处于国家风险传染状态下潜伏国家因国家风险显现而转化为染病国家的概率（ε）越大，潜伏状态国家数量的增速越小；国家风险传染概率（β）越大，潜伏状态国家数量的增速越快。因此，降低国家风险传染状态下潜伏国家因国家风险显现而转化为染病国家的概率，增大国家风险传染概率，均可以使得潜伏状态国家数量的增速提高。

4. 免疫状态国家数量变化趋势影响因素分析

从式（7-7）可得，t时刻免疫状态国家数量的增量为$dR/dt=\gamma I-\delta R$。将式（7-6）代入式（7-7）可得，t时刻处于免疫状态国家数量的增量为$dR/dt=(\gamma+\delta)I+\delta S+\delta E-\delta$。对该式关于$\delta$求导，得到$d(dR/dt)/dt=I+S+E-1\leqslant 0$，可知在其他参数不变的情况下，免疫丧失率（$\delta$）越大，免疫状态国家数量的增速越小；感染状态下获得免疫的概率（γ）越大，免疫状态国家数量的增速越快。因此降低国家免疫丧失率，增大感染状态国家获得免疫概率，均可以使得免疫状态国家数量的增速提高。

7.4.2 仿真模拟分析

根据上述分析可知，平衡点须满足：

$$I=\frac{1-\dfrac{\gamma}{\beta}}{1+\dfrac{\gamma}{\varepsilon}+\dfrac{\gamma}{\delta}}$$

。当$\gamma/\beta<1$时，中国企业对南海四国投资国家风险传染过程中存在唯一正平衡点。从上文来看，国家风险传染状态

下潜伏国家因国家风险显现而转化为染病国家的概率（ε）越小，免疫丧失率（δ）越小，国家风险传染概率（β）越小，国家风险感染状态下国家转入免疫状态概率（γ）越大，越容易接近平衡点。

下面，运用 Matlab 软件编写模型计算程序，对既定参数下中国企业对南海四国投资的国家风险传染进行仿真模拟，在仿真过程中不考虑个体的离散性问题。根据上文的模型分析，当阈值 $h=\gamma/\beta \geq 1$ 时，中国企业对南海四国投资的国家风险传染过程不存在正平衡点，因此针对这次仿真模型分析只考虑阈值 $h<1$ 的情形，将参数初始值设置满足基本条件，研究处于感染状态国家数量的变化趋势。根据南海四国国家发生针对中国企业的国家风险事件的情况，假设各个状态指标及参数初始值为：

假设南海四国内，存在易感染国家 S 的概率为 85%，存在潜伏国家 E 的概率为 10%，染病国家 I 的概率为 3%，免疫国家 R 的概率为 2%，则有：$S(0)=0.85$，$E(0)=0.10$，$I(0)=0.03$，$R(0)=0.02$。

假设南海四国中发生针对中国企业的国家风险事件的概率为 0.4，得 $\beta=0.4$；潜伏国家因国家风险显现转化发病国家的概率为 0.3，得 $\varepsilon=0.3$；染病国家通过"治愈"后转化为免疫国家的概率为 0.1，得 $\gamma=0.1$；免疫国家因免疫能力较弱而转化为易感染国家的概率为 0.1，得 $\delta=0.1$；时间 $t \leq 50$。此时中国企业对东盟投资国家风险传染过程的阈值 $h=\gamma/\beta=0.25<1$，即存在国家风险传染流行平衡点。

使用 Matlab 软件，利用 Runge-Kutta 方法，利用初始值进行模拟计算，对中国企业投资南海四国的国家风险传染的 SEIRS 传染病模型进行仿真分析（见图 7-6）。根据上文设置，可有 $\beta=0.4$，$\varepsilon=0.3$，$\gamma=0.1$，$\delta=0.1$ 及 $S(0)=0.85$，$E(0)=0.10$，$I(0)=0.03$，$R(0)=0.02$ 代入式（7-3）得到：

$$\begin{cases} x_1' = -0.4 \times x_1 \times x_3 + 0.1 \times x_4 \\ x_2' = -0.4 \times x_1 \times x_3 - 0.1 \times x_2 \\ x_3' = -0.3 \times x_2 - 0.1 \times x_3 \\ x_4' = -0.1 \times x_3 - 0.1 \times x_4 \end{cases} \quad (7\text{-}18)$$

取 $t \in [0, 50]$，编写 Matlab 代码：

```
x0=[0.85; 0.1; 0.03; 0.02];
a=0.4;
b=0.3;
c=0.1;
d=0.1;
odefun=@（t，x）[–a*x（1）*x（3）+d*x（4）；
a*x（1）*x（3）–b*x（2）；b*x（2）–c*x（3）；c*x（3）–d*x（4）];
[t，x]=ode45（odefun，[0，50]，x0）；
figure（'Numbertitle'，'off'，'name'，'DAEdemo–byMatlabsky'）
plot（t，x）
legend（'S（t）'，'E（t）'，'I（t）'，'R（t）'）
```

将代码运行，可以得到易感、潜伏、感染和免疫状态下的国家占比变化。

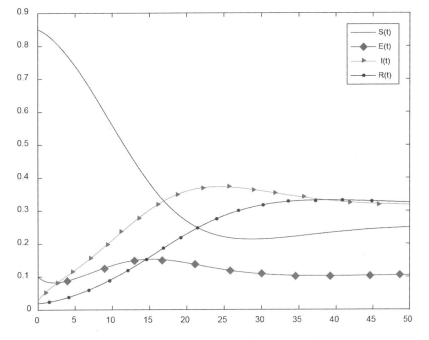

图 7–6　中国企业对南海四国投资国家风险传染的 SEIRS 传染病模型仿真分析图

在对外投资国家风险传染流行状态下，中国企业对南海四国投资国家风险传染的 SEIRS 传染病模型仿真分析结果如图 7-6 所示。横轴表示传染周期数 t，取 $[0, 50]$。纵轴表示易感国家、潜伏国家、感染国家、免疫国家的比例。从中可看出，在第 2—3 期，感染国家与潜伏国家达到平衡，超过该期，感染国家比例超过潜伏国家比例。至第 17—18 期，易感国家数与感染国家数达到平衡，超过该期，感染国家比例超过易感国家比例。至第 37—38 期，感染国家数与免疫国家数达到平衡，超过该期，免疫国家数比例超过感染国家数比例。与此同时，在第 15 期，免疫国家数与潜伏国家数达到平衡，超过该期，免疫国家比例超过潜伏国家比例。至第 22—23 期，免疫国家数与易感国家数达到平衡，超过该期，免疫国家比例超过易感国家比例。

国家风险事件在传染第 22—23 期时，感染国家的比例达到最大，表明国家风险将在南海四国中流行起来，并达到最高峰状态。随着时间的推移，采取的防控措施起作用，南海四国针对中国企业的国家风险事件将逐渐减少，即感染国家和潜伏国家遭受国家风险的比例下降。因为潜伏国家只会显现成感染国家，所以 $E(t)$ 的总体走势是下降的，而感染国家在"治疗"下成为免疫国家，免疫力弱的免疫国家也有可能重新感染为感染国家。因此，随着感染国家比例的上升和风险传染周期的延续，免疫国家与感染国家遭受国家风险的比例将会出现基本一致的情况。

综合以上分析，在一国发生针对中国企业的国家风险事件时，采取尽快采取坚决措施，保障中国企业安全，维护中国企业利益，将风险控制在传染阈值范围内，即在国家风险传染前三期内，采取有效的防控措施，否则国家风险传染将极大可能在南海四国间流行，甚至传染至东盟乃至区域外其他国家。

第一，考虑国家风险传染率 β 变小时，南海四国间国家风险蔓延情况。在其他参数值不变的情况下，当 β 分别取 0.35、0.3、0.25 和 0.2 时，易感、潜伏、感染和免疫状态下的国家数量变化趋势如图 7-7 所示。在 $t=50$ 时，染病国家比例越小，易感国家比例越大。可见，风险传染率 β 越小，风险蔓延范围越小。

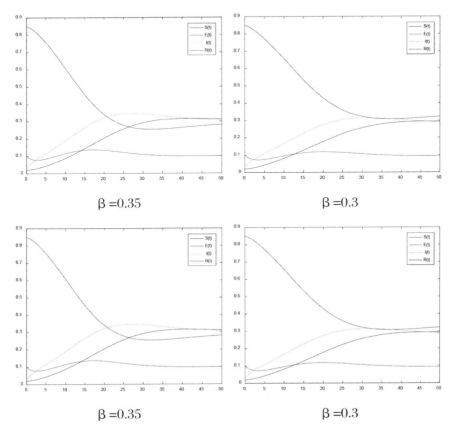

β =0.35   β =0.3

β =0.35   β =0.3

图 7-7　国家风险传染率 β 变动时南海四国国家风险蔓延情况

　　第二，考虑潜伏国家转化为发病国家的概率 ε 变小时，南海四国间国家风险蔓延的情况。在其他参数值不变的情况下，当 ε 分别取 0.25、0.2、0.15 和 0.1 时，易感、潜伏、感染和免疫状态下的国家数量变化趋势如图 7-8 所示。在 t=50 时，感染状态国家比例越小，潜伏状态下国家比例增多。可见，潜伏发病率 ε 越小，风险蔓延范围越小。

　　第三，考虑获得免疫力概率变大时，南海四国间国家风险蔓延的情况。在其他参数值不变的情况下，当 γ 分别取 0.12、0.14、0.16 和 0.18 时，易感、潜伏、感染和免疫状态下的国家数量变化趋势如图 7-9 所示。在 t=50 时，感染状态国家比例减少，易感染状态下国家数量越多。可见，免疫力概率 γ 越大，风险蔓延范围越小。

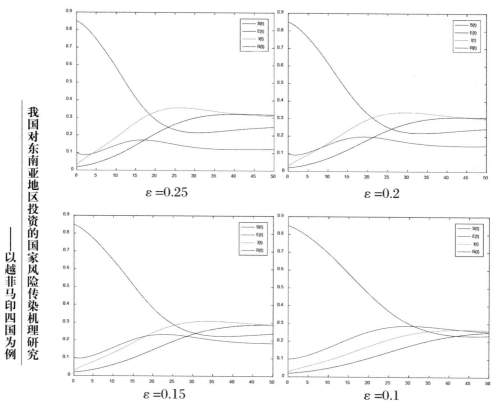

图 7-8　潜伏发病的概率 ε 变动时南海四国国家风险蔓延情况

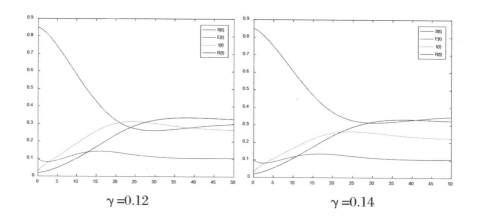

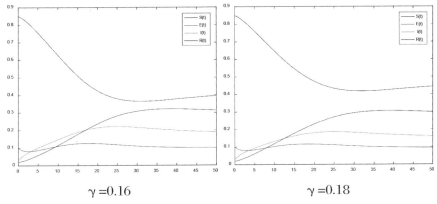

$\gamma = 0.16$ $\gamma = 0.18$

图7-9 获得免疫力概率 γ 变动时南海四国国家风险蔓延情况

第四,考虑免疫丧失率 δ 变小时,南海四国间国家风险蔓延的情况。在其他参数值不变的情况下,当 δ 分别取 0.08、0.06、0.04 和 0.02 时,易感、潜伏、感染和免疫状态下的国家数量变化趋势如7-10所示。在 $t=50$ 时,感染状态国家比例越小,获得免疫处于移出状态的国家越多。可见,免疫丧失率 δ 越小,风险蔓延范围越小。

7.4.3 国家风险传染控制策略

根据阈值条件,结合现实经验,如只有事后控制策略而没有事前防范措施($\gamma > \beta$),或只有事前防御而没有事后风险化解防控措施($\gamma = 0$)时,基本难以实现系统无风险平衡。

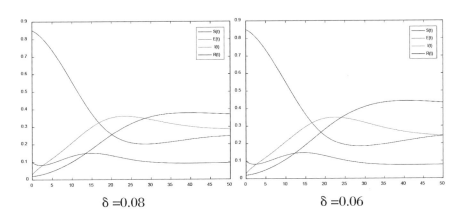

$\delta = 0.08$ $\delta = 0.06$

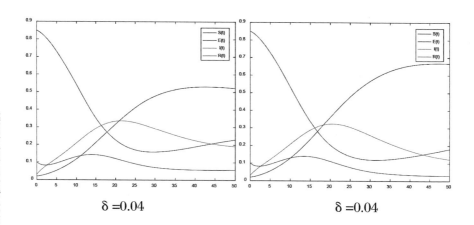

$\delta = 0.04$ $\delta = 0.04$

图 7-10　免疫丧失率 δ 变动时南海四国国家风险蔓延情况

根据临界值比较可知：

当免疫丧失率 δ < 潜伏发病率 ε 时，要控制国家风险不在南海四国间蔓延，在做好最坏打算（准备事后化解防控策略）的同时，重点做好事前防御策略。

当免疫丧失率 δ > 潜伏发病率 ε 时，要控制国家风险不在南海四国间蔓延，在重点做好事前防御策略的同时，强化事后化解防控策略。

当免疫丧失率 δ = 潜伏发病率 ε 时，要控制国家风险不在南海四国间蔓延，单独使用事前防御策略或事后化解防控策略都是缺乏效率的，同时采用事前防御和事后控制策略能够更有效地控制国家风险传染。

第8章

中国企业对南海四国投资国家风险传染防控的对策建议

综合上述理论模型和仿真研究可以得出，中国企业对南海四国投资所面临的国家风险具有传染性，如未能及时有效管控，"走出去"的企业可能面临巨大的损失，甚至使国家利益受损。因此，加强中国企业对南海四国投资国家风险传染的防控至关重要。借鉴医学领域传染病防控思路，基于"控制传染源—切断传播途径—保护易感国家"的防控逻辑，提出中国企业对南海四国投资国家风险传染的防控对策建议。

8.1 控制传染源

中国企业对南海四国投资的国家风险传染源，往往是体内有"病原体"生长并能复制产生"病原体"的国家，其包括染病国家、潜伏国家、病源携带国家和受感染的国家风险事件。病原体是能引起国家风险事件发生的，基于主权纠纷、国家战略、文化冲突、民族宗教、环境风俗等表征的国家力量或政治力量的统称。中国企业对南海四国投资中某国发生针对中国企业的国家风险事件，其病原体为引起国家风险事件发生的，表征为主权纠纷、国家战略、文化冲突、民族宗教、环境风俗等背后的国家力量或政治力量，传染源为发生针对中国企业的国家风险事件发生国。借鉴医学领域中对传染病源头控制的思路和方法，控制国家风险传染源应从早发现、早诊断、早隔离以及早治疗方面着手。

8.1.1 提前预警，实现"早发现"

尽管发生针对中国企业的国家风险事件，不一定都会发生跨国传染，这需要做到提前研判。分析发生国家风险事件的诱因及其表征，再确认其背后是否涉及东道国的国家力量或政治力量。如涉及东道国的国家力量或政治力量，则要高度重视，提前预警。

相关部门要建立和完善对南海四国和东盟其他国家乃至对"一带一路"倡议沿线国家投资的国家风险及其传染的预警机制，提前预警，提早发现传染源是有效控制传染源的重要措施之一。

中国企业对南海四国以及东南亚投资，以基础设施、交通、资源、电信等业务居多，这些行业投资周期长、资金大，极易受东道国政府和政治力量的介入，诱发国家风险事件。一方面，我国一直以来，积极维护中国企业对外投资的安全与权益。2021年1月，我国出台了《阻断外国法律与措施不当域外适用办法》，为了积极保护中国企业对外投资补上了法律上的短板。另一方面，在企业经营过程中，中国企业较多关注投资过程中的经营风险与市场风险，缺乏国家风险及其传染预警机制，应对措施不完善。当发生国家风险事件、风险事件在传播时，往往采取临时、紧急措施，很少做到未雨绸缪，事前预防、事中控制和事后监督尚未有效执行，导致未能对发生的国家风险传染进行有效管控，从而造成巨大的人身与财产损失。

政府可在完善相关保护对外投资企业法律法规的基础上，与重点投资国建立协调、商议机制，通过新技术，建立对外投资国家风险及其传染的大数据预警体系，加强风险预警、风险监控、风险救济等方面的措施。企业在选择目标市场及投资项目时，提供资讯并针对性提出建议，充分借助大数据来评估风险，提前预警，实现对国家风险的"早发现"。此外，加强对中国企业如何规避、应对和善后国家风险事件的指导与培训，加强中国企业对外投资的管理，引导企业遵守东道国法律法规。

1. 树立风险意识，关注风险事件

企业在进行项目投资前，对投资项目的实际情况进行具有可行性的投资风险评估和排查后，分析可能存在的投资风险和可能产生的风险事件，因为风险产生的时间和因素不同，所以企业应建立起一个协调有序的风险管理机制，把每一个风险管理步骤都把握精确，反应迅速，对于可能出现的风险管理问题能够给予及时处理，增强企业应对投资风险的意识和能力。随时关注时事，重点关注东道国政治、经济走向，监控风险事件，减少风险事件的发生或者把风险事件消除在源头上，如果风险事件发生了，要反应迅速，采取一切措施，把损失控制在一定范围内。

2. 完善对南海四国投资的预警机制，有效防控国家风险

当前，我国企业海外投资的宏观管理仍处于发展初期，产业结构和区域选择多为政策导向型或地缘关系亲近型。投资随意性大，在经营过程中，关注较多的是市场风险和经营风险，缺乏对国家风险的关注与防范。我国企业在对南海四国投资前应做好相应的法律和环境调研及风

险应对计划；在国家风险事件发生时，应实施有针对性的措施，启用风险预警方案，将损失尽可能地降低。此外，政府可根据国际关系变迁情况，建立我国对南海四国投资的国家风险预警机制，给予中资企业有效管控国家风险强有力的支持。

建立海外投资国家风险预警与发布系统。我国国家风险预警和发布系统建设相对较晚，南海四国投资环境复杂多变，确保海外投资企业能够及时、准确、客观、全面地了解海外投资局势，提前了解国家风险突发事件预警信息，需要建立一个规范、畅通、有效的国家风险预警与发布系统。对此，国家预警发布系统应采用多方位的点、线、面相结合的预警模式，点指的是预警系统的信息发布源，而对于预警渠道则采用多条线的形式，即多渠道发布预警信息；面，即辐射所有的受警对象。同时，采用身份鉴权方式对各信息发布渠道进行合理性确认，以确保所发布信息来源真实可靠。另外，在采用电视、短消息、广播等常规发布手段的同时，辅以北斗终端等其他发布手段，通过对发布时间、覆盖范围、预警信息内容等标准规范的建立，实现对预警信息最后一公里的一键式发布。同时，对发布后的预警信息进行整理、比较和分析，通过对预警发布系统的发布效果进行评估，积累经验和完善数据，为建立一个运行更加有效和准确的预警信息发布系统做充分的准备。

3. 完善风险管理机制

建立完备的全面风险管理机制。一方面，要优化风险管理机制，发挥好政府部门在宏观引领上的作用，改进对企业跨国投资监管重事前、轻事中和事后的模式。各相关监管部门加强信息沟通和协调，建立网络化的动态风险管理机制。利用现代科学技术加强对"风险识别—风险评估—风险预警—风险应对"这整个过程进行实时动态监督和全面监管，这是保障中国企业对外投资合法权益的关键环节。

另一方面，引导企业建立风险管理部门，健全本企业的风险监测、风险预警和风险保障机制，鼓励企业进行境外投资风险知识的学习、研究，提高企业的风险意识，提高中国企业抵御海外投资风险的整体能力和水平。与此同时，要推动对外投资保险制度的更新与完善，引导和鼓励相关保险行业发展涉外业务，针对企业对外投资保障的保险业务推陈出新，引导企业利用各种海外投资保险手段有效转移风险，提高企业对保险资源的利用率。

8.1.2 科学研判，落实"早诊断"

在发生针对中国企业的国家风险事件后，要判断其主权纠纷、国家战略、文化冲突、民族宗教、环境风俗等表征，科研研判其背后是否存在国家力量或政治力量。如未发现，则该国家风险事件发生传染的概率不高，重点做好发生国家风险事件东道国的国家风险事中与事后管控；如发现其存在东道国或第三方国家力量或政治力量的介入，除了做好发生国家风险事件东道国的国家风险事中与事后管控的同时，要科学研判，对可能的易感国家强化沟通与应对。

以往关于国家风险事件的研判，多基于国家风险的"静态""无溢出""国家之间无关联"等假设。现实中，往往一国发生国家风险事件后，短期内，在周边国家、联盟国家，也同样发生类似的国家风险事件。我们有理由认为，"动态""有溢出"和"国家间存在联盟"的假设，更加适合当今国际环境。因此，在发生国家风险事件时，除了应对该国家风险事件的同时，应科学研判，早诊断，确认该国家风险事件中是否存在东道国或第三方国家力量或政治力量。如确实存在，应采取应对重大传染病类似措施，依据风险类别、传染级别、影响范围及信息反馈等，采取疫情阻截与应急处置措施，构建中国企业对南海四国投资国家风险传染的疫情监测制度及相应的防控机制。

8.1.3 强化预案，做好"早隔离"

传染病隔离是指将处于传染病期的传染病病人以及可疑病人安置在指定的地点，暂时避免与周围人群接触并予以治疗、护理。通过隔离可以最大限度地缩小污染范围，减少传染病传播的机会。经科学研判后，针对中国的国家风险事件，如其背后有国家力量或政治力量的介入，要积极实施"早隔离"的相关措施。处于染病以及疑似染病状态的国家，根据其传染途径的差异性，采取不同的隔离预防措施，避免实施无差别措施。

为了避免已经发生的国家风险事件传染至其他国家，须采取积极有效的措施，根据国家风险事件发生的不同表征，根据主权纠纷（政治）、国家战略（政治）、文化冲突（文化）、民族宗教（宗教）、环境风俗（文化）、宏观经济（经济）、政权更迭（政治）等表征所依托的传染路径，采取针对性差异化措施，如取消或暂停对东道国，发布旅游、投资警告，采取外交途径，采取同级别措施回应等，消除国家风险事件可能对其他国家所带来的不利影响，使该国家风险事件不会溢出，通过隔离东道国发生的国家风险事件，从而阻断其传播的可能。

8.1.4 积极应对，做好"早治疗"

中国企业在对南海四国投资时，应强化风险意识，这些国家宏观政治经济环境，决定了必须关注国家风险事件，时刻警惕国家风险的传染。如经科学研判，一国发生的针对中国企业的国家风险事件存在较高的传染概率，应积极应对，做好早介入，早治疗。

在治疗原则上，第一，要治疗与预防相结合。一经研判应彻底治疗，有利于防止扩散，有助于消灭病原体，从而控制国家风险的流行。治疗本身也是控制传染源的重要预防措施之一。在治疗的同时，必须做好隔离。第二，病原治疗与对症治疗相结合。解铃还须系铃人，消除诱发国家风险事件传染表征背后的原因，是最根本的有效治疗措施。支持与对症治疗，能增强病原治疗，提高治愈率，是促使染病国家恢复的重要措施，亦是实施病原治疗的基础。

在治疗方法上，除了隔离、补救、救济措施外等一般治疗之外，可采取病原与免疫治疗。根据国家风险传染的表征后的国家力量与政治力量是否介入为核心内容，结合其表征，采取针对应措施。

1.采取疫情阻截或应急处理方案，有效防范国家风险的跨国传染

在国家风险已经发生了的情况下，需有应急处理方案并及早解决已经出现的问题。对有跨国传染倾向的国家风险，尤其需防范国家风险的跨国传染。国家政策和法律体系打造了良好的投资环境后，海外企业本身应建立有一套灾情阻遏或应急处理方案，以便在风险发生时能及时应对，使受到的国家风险能降到最低。无论是国家，还是企业，在应对类似重大传染疫情时，应根据不同风险类型、传染级别、影响范围等，采取有效的解决措施，遏制国家风险跨国传染。

2.加强对南海四国投资的国家风险传染的适应性免疫

机体受到抗原刺激后产生抗体的过程叫作适应性免疫。在海外投资企业受到国家风险传染后，进行抵抗并恢复经济稳定的过程可视为适应性免疫，对于无法避免的国家风险传染只能通过一定的方法手段和策略，降低其损害程度，缓解危机事件所带来的压力。具体对策如下：

第一，利用政府与外交应急机制分散风险。当国家风险发生时，海外投资企业和人员会不可避免地受到相应的损失，此时，分散风险有利于减轻企业抵御风险压力。因此，国家和政府应发挥政府职能和外交手段为受险企业提供及时、高效的外交保护。即我国政府官员和对外领事等要及时介入，开展政治对话并与东道国的相关领导部门进行磋商，在不违反国际法相关条约的情况下，最大限度达成公平、公正、友好的共识下找到解决方案，并在双方都能接受的范围内妥善处理投资纠纷，为企业分担压力，同时也能避免风险恶化和产生外溢效应。此外，还应调动各方资源为我国海外投资企业寻求有效保护，并做好善后工作。

第二，利用风险传导系统实施风险遏制。风险遏制就是说在海外投资国家风险已发生的事实下，我国海外投资企业应该采取紧急应对措施，通过控制风险事态，以防止风险损害的继续发生，减轻风险事故的危害程度，并有效防止其风险外溢。南海四国经济往来频繁，一旦一国发生国家政治风险，其他国家极易随之效仿，国家风险就会迅速传染至其他国家。因此，海外企业要提高自身"适应性免疫"，国家可开发一个接收各个国家信息的专项云数据综合平台，来完善接收信息的渠道和速度，通过收集分析数据，在国家风险发生后立即做出有效决策，把风险信号发送至各个节点，控制传染源继续传播，把传染范围降到最低，避免"熟人免疫"，把传染扩散到其他国家，防止风险外溢。

第三，通过财务手段对冲风险。在国家风险已经发生的情况下，除了分散风险和风险减免外，还可以进行风险对冲。即投资或购买与标的资产收益波动负相关的某种资产或衍生产品，以此冲销标的资产潜在损失的一种策略性选择。当下，金融市场繁荣，企业对外投资过程中的风险可以利用的金融工具也越来越多，如对冲汇率波动风险的工具，可以采用远期外汇合约或期权等手段。对此，企业防范对外投资风险的手段之一就是在金融衍生品市场做套期保值。我国海外投资企业还可以通过套期保值的方法来应对价格风险，其原理是通过平抑价格风险可能带来的企业风险损失，进行价格风险对冲，最终消除风险。

3. 积极对南海四国投资的国家风险进行治疗与救助

在国家风险损失形成后，海外投资企业应对风险损失进行及时有效的处理，海外投资企业可以通过不同风险的受险程度来采用相应的补救措施，以防止风险事态的恶化，把企业的风险损失减到最少。因此，我国政府和海外投资企业除了自我免疫之外，还可以在免疫力下降时"对症下药"，进行自我治疗和救助。当国家风险发生后为了能让海外投资企业在东道国复杂的投资环境下继续"走下去"，对此提出以下几点治疗与救助的建议：

第一，利用银行、保险机构等进行风险救助。在对外投资过程中，海外投资企业把风险损失降到最低的关键在将识别出的风险因子转移到擅长的第三相关方，以此来进行风险救助，达到最优的互担风险效果。例如银行，对于资金的监管和汇率波动等有专业的把握，对此海外投资企业可以把资金领域的风险转嫁给银行监管。而对于商业风险和政治风险，最好交给保险机构和中信担保机构来专门管控。另外，除了银行和保险机构外，海外投资企业还可以通过基金公司进行担保基金风险，尤其是与我国有大型合作项目的东道国，要避免单枪匹马，才能在遇到风险后还有斡旋余地。

第二，企业和国家共同应对损失处理。为了防止风险事态的恶化，在风险损失形成后，海外投资企业要根据不同风险情况及时对风险损失进行有效的处理。对此，政府和企业可以从以下几个方面进行风险损失处理：一是企业自身积极寻求多方救援，利用好海外贸易的各个平台和协商机构，它们有更专业和官方的分析途径，充分发挥和利用好多方的协调作用；二是对造成风险损失的对外承包工程项目给予投标补贴；三是对受损海外投资企业增加额度信贷担保，加快恢复企业正常运行；四是简化贷款审批手续，鼓励进出口银行加强对海外投资企业信贷支持，允许受损企业取得应急贷款或特别贷款权。推动更多海外企业投资兴业，为海外投资企业提供便利，减轻风险压力，降低风险损失。

第三，特殊情况下进行风险自留。海外投资企业遭遇风险是不可避免和难以预料的，在特殊情况下，如果企业层担风险的成本低于控制风险的成本，海外投资企业只能选择承担风险的事实，并一步步从自身财务经营和管理中对风险损失进行自我消化，承担风险损失的后果。当企业遭遇的风险程度比较低，或者对企业正常运营不会造成重大影响的情况下，企业就可以采用风险自留的方法。在风险自留的风险成本不高的情况下，对于海外投资企业来说是相对高效快捷的方法，可以最大限度地节省风险承担费用，减少潜在损失。

8.2 切断传播途径

传染病的传播途径是指病原体从传染源到易感人群的传播过程。切断传播途径就是采取一定的措施，阻断病原体从传染源转移到易感宿主的过程，从而防止疾病的发生。对外投资国家风险传染的传播途径同理，其是指发生国家风险事件导火索表征背后的国家力量或政治力量的影响，从东道国转移到其他易感国家的过程。阻断发生国家风险事件导火索表征背后的国家力量或政治力量影响从东道国转移到易感国家的过程，从而防止国家风险事件的发生。

阻断传染病传播途径的最常用卫生措施是消毒，依据不同的传播途径采取不同的防疫措施。阻断国家风险传播途径是最常用应对措施是，对外投资企业母国政府、企业与行业等方面采用政治、经济、文化、外交等手段，消除或淡化国家风险事件背后国家力量或政治力量的介入。根据国家力量或政治力量介入所展现的不同表征，针对主权纠纷（政治）、国家战略（政治）、文化冲突（文化）、民族宗教（宗教）、环境风俗（文化）、宏观经济（经济）、政权更迭（政治）等表征采用相应的应对措施。

8.2.1 关注并控制对外投资国家风险传播的因素

投资前做好对投资项目所在国的政治形势、经济形势和人文形势的综合评估。境外企业设立后应在进行海外投资之前通过定期的实地调查、专家会议讨论以及咨询等多种方式，对投资项目所在国当前的政治、经济、社会发展的状况、政局稳定的情况和对于外国投资的相关政策情况等进行综合的评估，通过有效的风险测评、风险提示，了解公司自身的风险承受能力，选择适合的投资产品，分散投资，降低风险。

8.2.2 了解投资风险传导的介质

国家积极参与国际之间的合作，共同制定地区的发展规划，加强与投资东道国的友好关系，加强经济往来，积极地融入投资东道国经济社会发展中。积极争取与投资东道国签订有助于保护中国企业海外投资的协定。此外，注重人文关系的建立，尊重每一个国家的正当发展利益，鼓励企业在投资的过程中为当地的民生建设奉献自己的力量，实现互惠互利、共同繁荣。提升中国公共服务的质量，减少企业对外投资的审查环节，为企业提供境外市场环境信息咨询等服务，制定企业海外投资的综合战略规划，积极引导企业在国家战略的指导下进行投资。

8.2.3 监控国家风险传播路径

充分运用现代互联网，高效地监控风险的传播路径。对于项目的投资来说，应充分利用互联网信息技术的特点和优势，及时地获得相关的风险分析信息，监控风险可能的传播路径。根据投资项目的实际情况，在各个关键阶段有针对性地采用项目风险分析调查、专家技术咨询等多种多样的方式，识别和了解项目实际投资和运营过程中的潜在投资风险，分析和评估可能给项目带来的风险和后果，监控风险的传播路径，从政治方面、经济方面和人文方面分析，从而采取有效的措施，及时有效地切断风险的传播。

8.2.4 建立完善的风险传染管理体系

科学建立风险传染管理体系。风险识别是前提，要充分了解不同国家的可能发生的国家风险因素及其关联原理，把可能会遇到的风险不确定程度用量化的方式表现出来。然后，应建立并完善风险传染机制，建立健全风险传染管理的组织架构，设计一个风险传染的指标体系，确定风险传染的指标权重，构建风险预警系统。保持企业的投资目标不变，设计多种方案的实施路径，从根本上避开特定的风险因素。企业要树立风险传导隐患意识，建立完善的风险传染管理体系，将企业内部各种部门进行全球配置，分散在东道国进行投资的风险，降低风险传染发生的可能性。

8.2.5 科学制定经济、法律方面的风险防范措施

中国企业对南海四国投资存在着时间周期长、资金周转慢、资金量大等因素，对外投资项目往往占据着企业的大额现金流。现有对外投资相对单一的融资方式，极易造成国家风险事件冲击时发生资金链断链，其短期内难以在投资东道国融入需要的资金。因此，对南海四国投资企业，应该多渠道、多方式地增进融资，扩大在东道国的借款、贷款等，相应的发行债券和股票，从而使企业面临的国家风险在资金风险上能够分散开来。企业将自身利益与东道国政府及上下游企业利益相联系，形成利益共同体。当国家风险事件不可避免时，要制定应对预案，多方式多渠道地进行保护资产。

8.2.6 国家积极参与多边投资协定的制定

积极参与多边或双边投资协定的制定，秉承着共商、共建、共享的原则，增强与投资东道国之间的互信，加强双方的合作往来，与沿线国家共同打造一个国际性、区域性的投资合作发展平台，为企业提供一个良好稳定的投资环境。积极与其他国家缔结或修改双边投资协定，制定制度规范的争端解决机制，运用双边贸易规则帮助企业有效解决贸易纠纷难题，力求保障中国企业的合法权益。建立互助互信的政治、经济

合作平台，为企业对南海四国投资提供良好、稳定、开放的外部投资环境，减少企业对外投资的后顾之忧。

8.2.7 加强中国与东盟之间的政治文化交流

加强与投资东道国的友好关系与往来，鼓励企业在投资的过程中为当地的民生建设奉献自己的力量，实现互惠互利、共同繁荣。如果可以得到东道国民众的信任，会获得一定程度上的社会支持，在一定程度上化解因为宗教问题而产生的合作风险。了解并尊重东道国的宗教文化、习俗，结合企业本身的商品规模、生产结构以及管理模式，在东道国投资时相应地做出合理的决策，妥善处理宗教敏感问题。

8.3 保护易感国家

借鉴医学领域中对传染病易感染群体的保护措施，对外投资国家风险传染的易感国家的保护措施，主要包括两个方面：第一，一般措施。加强与国家风险事件发生国的交流，增进了解，与东道国加强政治沟通、设施联通、贸易畅通、资金融通和民心相通，从而加强对国家风险传染的抗病能力。企业实时关注投资东道国的国家风险的预警与应对，及时沟通，消除隐患。第二，特异性免疫措施。主要通过前期与东道国企业、欧美企业形成企业共同体或联盟，或组建股份公司的方式，提升应对国家风险事件的免疫力。

8.3.1 提高我国对南海四国投资的国家风险固有免疫

固有免疫是指机体在种系发育和进化过程中形成的天然免疫防御功能，也就是说从出生后就已具备的非特异性防御功能。针对目前我国对南海四国投资的国家风险跨国传染现状和传染效应，提出以下对策和建议。

第一，签署双边或多边投资保障与保护协议。双边或多边投资保护协议是海外投资企业的重要法律保障。当前，我国对南海四国投资环境良莠不齐，签署双边或多边投资保障与保护协议是对海外投资企业行之有效的保护方法。对此，给出以下两个建议：一是签订新型的国际双边或多边投资协定。在以往我国所签订的海外投资保障协定中，大多数是以海外投资国的身份签订的，对我国海外投资企业没有起到合法有效的保护作用。随着我国国际地位上升和国际形象不断提升，双边或多边投资保障协议签署地位应由被动转为主动，在签署协定时要更多地从我国企业自身利益出发，为海外投资企业提供切实保护。二是在投资保障协定内容上规范化。要把各项国民待遇的重要原则和争端解决等方面的内容详细写进协议中，对海外投资项目的保障范围、保护条件和如何解决争端等问题进行明确规定。

第二，建立统一的海外投资监管组织协调机构。针对不断出现的国家风险，应该建立针对南海四国投资的组织协调机构。让党的方针和政府政策更好地领导和协调服务。即在党和政府的统一领导下，各个部门和成员组成的联合会议制度，充分发挥海外华侨，对东道国政治、经济、文化等各方面比较熟悉和了解情况，通过定期或不定期地召开会议来反馈南海四国近期的发展局势和最新问题，各有关部门互相配合，各尽其职地提出相应和有效的解决方法，从事前分析角度来防范国家风险的发生，这样便于形成一套更加完善的"固有免疫"体系，帮助企业减少国家风险和提高投资效率，提供更加优质的服务和保障。

第三，支持和鼓励相关机构的发展。在融资方面，企业在境外投资相对于国内环境更加复杂，在融资问题上可能遭遇更大的难题从而阻碍到项目的正常运行，因此，应为企业提供多样化多渠道对外投资融资方式，尽可能减少企业的"融资难"问题，从而可以在一定程度上降低企业的财务风险和债务风险。另外，一些金融机构可以为企业提供法律相关的咨询和援助服务平台，当企业遭到利益损害时可为其提供准确、切实可行的反馈和保障措施。

进一步扩大中国企业对外投资相关保险的承保范围。鼓励企业利用保险资源转移风险，而针对企业对外投资保险的投保率不高的情况，保险机构加大力度宣传对外投资保险制度，可以派专业人士进行保险相关的宣传，让更多企业了解相关保险业务，并适当给予企业一定的优惠，带动投资企业的投保积极性，提高投保率，让保险服务于"一带一路"建设。

鼓励对外资信调查机构提供更多相关服务。随着全球化的发展，政府的监管能力和水平与对外投资企业的投资多样化需求有着一定差距，难免有监管不到位的地方，所以行业资信调查机构应发挥其在对外投资领域中的作用，提供更广泛的资信调查服务，在企业进行对外投资之前应先做好对东道国合作企业的深入了解，减少不必要的麻烦。律师事务所可以为企业提供一些法律咨询和援助服务，可在网上开展业务，为企业提供随时的答疑解惑服务。

8.3.2 规范企业对外投资行为

要严格规范中国企业在东盟国家投资的经营行为，积极落实与东盟国家的投资保护协议，完善保障制度能有效保护易感国家，从而对国家风险传染进行更有效的防控。企业、协会、第三方机构和政府共同协力应对国家风险的传染。一方面，政府和相关第三方机构可发挥统筹作用，以投资东道国的国情为依据，建立针对中国企业在南海四国合法合规经营的监管机制，引导中国企业合法合规经营，减少中国企业因自身不守规、不合法行为诱发的国家风险事件。鼓励企业积极参加当地社区社会公益活动，从而降低潜在国家风险带来的威胁与损失。另一方面，健全对外投资保险制度，当前中国海外投资保险制度依然不完善，企业海外投资抵御风险能力还较为薄弱，在险种的设置上，应根据中国企业对南海四国投资的实际状况，针对性设置险种与费率，更好地适应中国企业的经营活动，增强其抵御风险的能力。

持续推进对外投资管理体制改革。设立统一的对外投资监管机构，负责统筹协调好各相关部门，加强监管部门内部建设，明确部门职责，对各部门的职责要进行细化分工并落实到位。在接收到企业的咨询、求助信息时要及时审核，做好信息汇总管理、监测预警分析等工作，并对此提供及时和有针对性的保障措施；及时发布投资东道国有关的社会、经济重大风险，警示企业提前进行风险防范。健全境外投资管理职责与监督手段，完善境外信息通报制度。驻外相关部门应认真搜集汇总当地政治、社会、经济情况，系统分析当下企业面临的风险和对中国企业可能造成的影响。引导企业积极对东道国鼓励产业投资。建立起负面清单制度，将失信企业拉进黑名单，限制其对外投资活动。

8.3.3 构建对外投资"保护盾"

要积极构建对南海四国投资的"保护盾"。依据中国企业海外投资的法律与制度，充分整合中国海外投资的指导、创新、服务、保护等制度与措施，结合东道国国内、外部环境，建立健全系统性的投资保障与救济体系及相应的风险"防控"措施方案。其包括建立维权救济制度、双边投资协定等保护制度与双边协议，以及对具体国家的国家风险传染防控的应对措施。此外，加强与主要投资国签订双边投资安全保障与扶持救济协议，支持企业在东道国的依法维权，当中国企业在南海四国投资遭遇国家风险时，各相关部门应及时形成联动机制，对中国企业的合法权益给予有效保护。

南海四国是我国对东盟投资最为密集的地区，因此，我国企业在南海四国投资时遇到国家风险的概率也相应较大。目前，我国对南海四国投资呈现的国家风险传染特征相对较明显。我们要提高对国家风险传染的警惕，并做出相应的国家风险传染的防控措施，这样能够提高投资效率并减少国际投资的摩擦，减少不必要的损失，从而促进东道国与母国国家经济的发展。

第一，建立并完善我国企业对南海四国投资的保障制度。我国政府建立健全中国企业对南海四国投资的保障制度，引导中资企业在南海四国投资时合规经营，降低因自身行为诱发的国家风险，可以一定程度上解决中国企业海外投资时由于行为不规范而诱发的国家风险。在南海四国投资的中国企业也需做好海外公关。国家风险多是因为东道国政治、经济等问题引起的风险，所以我国企业应多参加当地的公益活动，尽可能地改善与当地的关系。我国在南海国家的投资保护机制尚不够健全，因此建立并完善我国的海外投资的保障制度，提高我国企业海外投资风险防范能力，能有效降低国家风险。

第二，参与南海四国的双边、多边投资合作。我国与南海四国良好的双边关系是双边贸易往来最好的投资环境。发生国家风险极大程度上与东道国的政治环境和双边关系有关，因此，在我国对南海四国投资时积极参与国际双边、多边合作，有利于在国家风险事件发生时分散和降低国家风险。另外，相关投资保护方面的国际协议或公约是国家风险发生时可以运用到的强有力保障。加入有关投资保护方面的国际公约或签订双边投资保护协议，是降低中国企业南海四国投资国家风险的重要途径。

第三，完善我国对南海四国的政治和外交保障制度。两国之间良好的政治关系是双边友好往来的基本桥梁，因此，完善我国与南海四国的双边关系，是我国企业减少国家风险的有利纽带。完善外交保障制度可以让我国企业在南海四国投资遇到国家风险威胁时，充分运用政治和外交手段及时、有效地保护企业利益。为了有效建立与完善我国对南海四国政治和外交保障制度，一方面要以东道国政府为对象，在政府层面完善国家风险防范和应急措施；另一方面以东道国社会为对象，建立国际投资权益的公共外交保障机制。

第四，健全法律保障制度。健全和完善中国企业对外投资的法律法规，明确保障的细节和原则。对于规则和法律制度不一致的问题，相关法律保障措施的制定要有效针对东道国投资风险来进行，使监管部门在监管过程中有法可依。投资东道国不透明或不完善的法律制度给中国企业的对外投资增加了许多法律因素的不确定性，引导企业学会灵活利用国际贸易规则和WTO规则来维权，提高应变能力，学习借鉴其他成功企业的实践经验。

第五，完善境外安全保障制度。建立国家安全保障机制，重点完善境外人员安全保障手段。建立完备系统的安全保障制度和各种紧急事件应急机制，加强驻外使领馆与在外人员的联系沟通，建立安全信息及时报告网络平台，使企业在外人员寻求协助时方便快捷有效。同时，要充分发挥安保机构的作用，鼓励安保机构开展境外安保业务，建立系统的应急培训机制，面对多样化的投资需求要有针对性地为项目提供安保支持，提高防护水平和能力。

第 9 章

总结与展望

9.1 研究总结

本书在中国企业对南海四国投资频频遭遇国家风险事件的背景下，南海四国某国若发生针对中国企业的国家风险事件，须尽快采取措施将风险控制在传染阈值范围内，否则，国家风险极易在南海四国之间传染，甚至传染至区域外其他国家。因此，研究中国企业对南海四国投资国家风险的传染机理和防控措施具有重要意义。

本书结合多学科参考文献与理论分析框架，通过课题调研和逻辑演绎的研究方法来构建"国家风险传染问题"与"中国企业对外投资国家风险事件频发"之间的逻辑关系，对国家风险传染的相关概念进行逐一分析。本书对国家风险传染问题的来源进行探寻，分析中国企业在南海四国投资时所发生的一系列国家风险事件，来进一步研究中国企业对南海四国国家风险传染的诱因。本书对中国企业投资南海四国的国家风险传染机理的理论分析框架进行探讨，先是引出国家风险传染源这个概念，分析风险传染的基本特征，分析不同发展阶段、区域的南海四国国家风险传染的异同，最后分析国家风险的传染过程及效应，从而去探寻、揭示传染机理。实证部分，先是构建 SEIRS 传染病模型，分析该模型的可行性，然后是对模型相关参数的设定以及平衡点与稳定性的分析，利用 matlab 数学工具、采用 4–5 阶 Runge-Kutta 方法，对中国企业投资南海四国的国家风险传染进行仿真分析，从而得出相关结论。最后依据医学领域"控制传染源—切断传播途径—保护易感群体"的基本防控思路，提出中国企业对南海四国投资国家风险传染的防范措施。

9.2 研究展望

基于现有对国家风险传染的研究，本书试图运用定性分析和定量分析相结合的方法，研究中国企业对南海四国投资国家风险传染的影响因素和情况，期望提供符合实际的国家风险传染防控策略，增强中国企业在对南海四国国家投资时应对国家风险传染的能力。然而，实证分析采用的是仿真模拟，难以与现实一一匹配。本书的研究仍然有许多需要改进之处，有待进一步深入研究。

首先，在总体研究思路和数学模型构建方面，本书基于SEIRS传染病模型所探究出的国家风险传染机理模型，而在现实中，国家风险传染比想象的更为复杂，其影响因素千变万化，其传染的途径和方式千变万化。因此，对于该部分的研究后续有待更深一步的探讨。

其次，本书的研究主要侧重于数学模型构建推导和仿真模拟实证，虽然进行了相应的传染机理仿真模拟分析，但在检验机理结论方面还不够完善，其研究实证力度方面还有欠缺。因此，这将会一定影响到整体的实用价值。

最后，本书在研究国家风险传染时，不仅加入了相关投资、风险等理论基础做研究铺垫，还借助了医学领域上的传染病模型。虽然在一定程度上取得了本书预期目标，但在实际情况中，对于中国企业对南海四国投资时存在的国家风险类型均处于不平衡状态，难以完全把握其稳定性及准确性。因此，对未来有关国家风险传染的研究还需要利用更多相关的学科思维方式和知识来对其进行探究，对现有的国家风险传染研究进行进一步整合、完善。

建立完善中国企业对南海四国投资的保障体系需要各方共同努力。有效防范对外投资国家风险的传染，关键在于降低传染率，控制好相关参数。这需要加强对国家风险传染管控的基础上，在宏观层面建立系统性国家风险防控机制并加强监管，从事前、事中和事后几个方面统筹采取国家风险传染防范策略。上述研究结论的政策启示在于：

第一，完善对外投资国家风险应对策略，提高国家风险传染的直接免疫力。

一是完善对外投资国家风险防范的法律保障体系，整合监管部门的零散规定，完善国家风险防控的法律依据，避免因法律不确定性而阻碍国家风险传染防控的风险。

二是明晰各应对策略落实主体的业务边界和管理规则，统筹防范和应对国家风险的传染，避免监管真空和监管失利。

三是根据不同类别国家特点和国家风险控制要求，明确各类国家风险应对策略，发挥对外投资国家风险应对策略在防范和化解国家风险传染方面的重要作用，有序促进国家间相互融通的同时，降低国家风险跨国传染的可能性。

第二，建立科学的国家风险监测与预警机制，有效实现国家风险事前防范。

建立国家风险监测指标体系，利用大数据、云计算、人工智能等技术构建风险评测模型，通过指标体系的动态变化来反映国家风险情况。跟踪日常监测结果，对国家风险变化的可能因素进行跟踪、关注，及时发现不利变化的预警信号，加强对异常情况的监测力度，及时阻隔国家风险在南海四国之间传递。完善国家风险事件监管方式和手段，制定国家风险处置方案，防止风险的发生和恶化。

第三，建立国家风险隔离机制，降低国家风险传染概率。

一是重点监控我国投资规模较大的投资东道国，建立国家风险自动缓冲、隔断的有效机制，一旦个别发生国家风险事件，应当及早隔离风险。

二是加强染病国家与易感国家的风险防控机制，引导各国采用差异化的国家风险管理策略，降低国家力量和政治力量干扰；加强国家风险控制能力建设，阻隔因自身问题而产生的国家风险传染通道。

三是建立信息隔离和舆论引导机制，防范负面信息快速、放大传播，正面引导舆论导向，维护我国海外资本的安全与稳定。

第四，优化国家风险传染监管体系，提升国家风险传染的防范能力。

改革并完善国家风险传染的防控体系和框架，适应当前国际环境复杂化的变化趋势，建立更加有效的监管协调机制，优化、调整和改革监管架构。要加强政府各部门、企业、行业协会在监管理念、管理方式和执行标准等方面的统筹协调，加强跨行业、跨领域、跨国家的国家风险防范和处置协作，形成互为补充的保障和监管合力，有效应对国家风险传染，从而维护对外投资稳定，保障对外投资安全。

参考文献

[1]Schweitzer F., Gagiolo G., Sornette D., Vega-Redondo F., Vespignani A., White D. R.Economic Networks: The New Challenges[J]. Science, 2009, 325 (24): 422-425.

[2]Garas A.Argyrakis P., Rozenblat C., Tomassini M., Havlini S.Wordlwide Spreading of Economoic Crisisi[J].New Journal of Physics, 2010, 12 (11): 30-43.

[3]Haldane A. G., May R. M.Systemic risk in banking ecosystems[J]. Nature, 2011, 469 (7330): 351-355.

[4]Brockmann D., Helbing D.The hidden geometry of complex, network-driven, contagion phenomena[J].Science, 2013, 342 (6164): 1337-1342.

[5]Hitesh Doshi, Praveen Kumar, Vijay Yerramilli.Uncertainty, Capital Investment, and Risk Management[J].Management Science, 2018, 64 (12): 5769-5786.

[6]Calomiris C. W., Mason J. R.Contagion and Bank Failures During the Great Depression: The June 1932 Chicago Banking Panic[J].American Economic Review, 1997, 87 (5): 863-883.

[7]Gennotte G., Leland H .Market Liquidity, Hedging, and Crashes.[J]. American Economic Review, 1990, 80 (5): 999-1021.

[8]Kodres L. E., Pritsker M. A. Rational Expectations Model of Financial Contagion[J].The Journal of Finance, 2002, 57 (2): 769-799.

[9]Marta GómezPuig，Simón SosvillaRivero.EMU SOVEREIGN DEBT MARKET CRISIS：FUNDAMENTAL-BASED OR PURE CONTAGION?[J].Ssrn Electronic Journal，2014.

[10]Smeets D. Financial Contagion During the Europcan Sovereign Debt Crisis[J].Journal of Economic & Financial Studies，2016，4（2）：46.

[11]Gorea D.，Radev D. The euro area sovereign debt crisis：Can contagion spread from the periphery to the core?[J].International Review of Economics & Finance，2014，30（C）：78-100.

[12]Matesanz D.，Ortega G. J .Sovereign public debt crisis in Europe.A network analysis[J].Physica A：Statistical Mechanics and its Applications，2015，436：756-766.

[13]Mink M.，Haan J. D. Contagion during the Greek Sovereign Debt Crisis[J].DNB Working Papers，2012，34（1）：102-113.

[14]Missio S.，Watzka S .Financial Contagion and the European Debt Crisis[J].Social Science Electronic Publishing.

[15]Forbes K. J.，Rigobon R .No Contagion，Only Interdependence：Measuring Stock Market Comovements[J].The Journal of Finance，2002，57（5）.

[16]Chiang T. C.，Jeon B. N.，Li H .Dynamic correlation analysis of financial contagion：Evidence from Asian markets[J].Journal of International Money and Finance，2007，26（7）：0-1228.

[17]Caceres C.，Guzzo V.，Segoviano Basurto M. Sovereign Spreads：Global Risk Aversion，Contagion or Fundamentals?[J].Social Science Electronic Publishing.

[18]Mariya Teteryatnikova.Systemic risk in banking networks：Advantages of "tiered" banking systems[J].Journal of Economic Dynamics and Control，2014，47.

[19]Myeong Hwan Kim.The Relationship between Foreign Direct Investment and Country Risk[J].International Conference of Korea Trade

Association，2019.

[20]Delu Wang，Xian Tong，Yadong Wang.An early risk warning system for Outward Foreign Direct Investment in Mineral Resource-based enterprises using multi-classifiers fusion[J].Resources Policy，2020，66.

[21]Runjie Xu，Chuanmin Mi，Rafał Mierzwiak，Runyu Meng. Complex network construction of Internet finance risk[J].Physica A：Statistical Mechanics and its Applications，2020，540.

[22]Hiromi Seno.An SIS model for the epidemic dynamics with two phases of the human day-to-day activity[J].Journal of Mathematical Biology，2020，80（3）.

[23]Nada Choueiri.A model of contagious currency crises with application to Argentina[J].Journal of International Money and Finance，2002，21（3）.

[24]Qian Qian，Yang Yang，Jing Gu，Hairong Feng.Information authenticity，spreading willingness and credit risk contagion-Adual-layer network perspective[J].Physica A：Statistical Mechanics and its Applications，2019，536.

[25]Ansoff H. I.Corporate strategy：business policy for growth and expansion[M].New York：McGraw-Hill，1965.

[26]Freeman R. E.Strategic Management：A Stakeholder Approach [M].Boston，MA：Pitman，1984.

[27]Savage G.T.，Blair J.D. Strategies for assessing and managing organization stkeholders[J].Academy of Managemant Executive，1991，5（2）：61-75

[28]Leonard K.Cheng.Three questions on China's "Belt and Road Initiative" [J].China Economic Review，2016（7）：309-313.

[29]Willem Thorbecke.Investigating ASEAN's Electronic and Labor-Intensive Exports[J].Journal of Asian Economics，2017（8）：505-513.

[30]Sebastian Krapohl.ASEAN[M].Springer International Publishing，2017.

[31] 尹美群，张敏，盛磊，李文博，张成军著 . "一带一路"背景下海外投资风险 [M]. 经济管理出版社，2018.

[32] 兰日旭，顾炜宇 . "一带一路"沿线的风险及其防范 [M]. 中国财政经济出版社，2018.

[33] 李一文 . 我国海外投资风险预警研究 [J]. 管理世界，2016（9）：178-179.

[34] 杨子晖，周颖刚 . 全球系统性金融风险溢出与外部冲击 [J]. 中国社会科学，2018（12）：69-90+200-201.

[35] 纪洋，边文龙，黄益平 . 隐性存保、显性存保与金融危机：国际经验与中国实践 [J]. 经济研究，2018（8）：20-35.

[36] 石慧敏，王宇澄 . 评估中国对外投资风险——通过投资者—国家争端解决案件的角度 [J]. 经济理论与经济管理，2018（9）：103-112.

[37] 保建云 . 论我国 "一带一路"海外投资的全球金融影响、市场约束及 "敌意风险"治理 [J]. 中国软科学，2017（3）：1-10.

[38] 李友田，李润国，翟玉胜 . 中国能源型企业海外投资的非经济风险问题研究 [J]. 管理世界，2013（5）：1-11.

[39] 崔百胜，姜逸菲 . 欧洲主权债务危机的传染效应及空间传染渠道分析 [J]. 国际贸易问题，2015（9）：133-144.

[40] 庞晓波，王克达 . 国际金融危机潜在传染源的识别及其传染力分析 [J]. 中国管理科学，2018（3）：43-50.

[41] 李苍舒，沈艳 . 风险传染的信息识别——基于网络借贷市场的实证 [J]. 金融研究，2018，461（11）：98-118.

[42] 郭晨 . 商业银行非系统性风险识别、网络传染及规模测度 [J]. 会计与经济研究，2017（4）：113-128.

[43] 欧阳红兵，刘晓东 . 中国金融机构的系统重要性及系统性风险传染机制分析——基于复杂网络的视角 [J]. 中国管理科学，2015，23（10）：30-37.

[44] 苏海军，欧阳红兵 . 危机传染效应的识别与度量——基于改进MIS-DCC 的分析 [J]. 管理科学学报，2013，16（8）.

[45] 庞晓波，王姗姗，陈守东 . 欧债危机对全球及中国传染性的测

度分析——基于复杂网络的模拟研究 [J]. 世界经济研究，2015（12）：35-46.

[46] 周站 . 员工离职恐慌的传染机理与免疫机制研究 [D]. 武汉理工大学，2010.

[47] 王姗姗 . 外部金融危机对我国的传染性测度及免疫策略研究 [D]. 吉林大学，2016.

[48] 胡俊 . 基于 SEIRS 模型的中国企业对东盟投资国家风险传染研究 [D]. 北部湾大学，2021.

[49] 中国人民银行南宁中心支行课题组，崔瑜 . 金融市场风险交叉传染机制与防控策略研究——基于医学 SIRS 传染病模型 [J]. 南方金融，2017（2）：3-13.

[50] 陈炼 . 中国企业投资越南的国家风险及防范研究 [D]. 暨南大学，2008.

[51] 朱念 . 中国企业对东盟投资的国家风险及其防范机制 [J]. 对外经贸实务，2017（11）：17-20.

[52] 张文君，任荣明 . 中国企业海外投资的政治风险及应对策略 [J]. 现代管理科学，2014（12）：97-99.

[53] 许慧，胡曲应，许家林 . 论中国企业海外投资风险的防范与监管 [J]. 中南财经政法大学学报，2009（6）：97-103.

[54] 李锋 . 我国对外直接投资风险防范 [J]. 开放导报，2015（2）：57-59.

[55] 赵德森 . 中国对东盟投资项目风险生成及防控机制——基于东道国利益相关者的分析 [J]. 经济问题探索，2016（7）：159-164.

[56] 赵德森 . 中国对外直接投资的国家风险研究 [D]. 云南大学，2018.

[57] 顾丽姝 . 中国对东盟新四国直接投资研究 [D]. 东北财经大学，2014.

[58] 顾丽姝，王凯庆 . 中国对东盟直接投资的风险防范 [J]. 云南社会科学 .2009（5）：111-114.

[59] 韦大宇 . 中国企业对东盟直接投资的风险与规避策略探析 [J].

看过投资，2014.

[60] 柴正猛 . 云南中小企业到缅甸直接投资的国家风险评估 [J]. 云南社会科学，2012（2）：36-39.

[61] 张磊 . 海外投资的争端解决途径与中国的应对 [J]. 探索与争鸣，2017（8）：92-97.

[62] 杨淑霞，李键 . "一带一路"背景下企业海外投资风险评估模型研究 [J]. 宁夏社会科学，2017（4）：108-112.

[63] 吴艳文 ."一带一路"战略下我国企业海外投资的风险及防范 [J]. 西安财经学院学报，2017，30（4）：75-80.

[64] 施淑蓉，李建军 . 我国企业海外投资宏观环境风险预警研究 [J]. 经济纵横，2015（8）：101-106.

[65] 马咏真，吴卢荣 . 中国火灾最佳灰色回归组合预测模型 [J]. 中国安全科学学报，2006（1）：3.

[66] 李斌，王婷婷 . 中国对东盟直接投资的影响因素研究 [J]. 统计与决策，2012（7）：118-120.

[67] 赵晓峰，李虹含 . 中国对东盟直接投资的现状、问题与对策探析 [J]. 现代管理科学，2015（10）：79-81.

[68] 张岩，王丽 . 中国对东盟国家直接投资的决定因素研究 [J]. 经济问题探索，2013（7）：163-171.

[69] 黄世明 .CAFTA 框架下中国对东盟直接投资的经济效应研究 [D]. 昆明理工大学，2013.

[70] 唐志武，王岩 . 中国对东盟直接投资问题研究 [J]. 税务与经济，2012（3）：47-50.

[71] 欧阳华 . 投资政策对中国—东盟区域经济合作的影响研究 [J]. 河北科技大学学报（社会科学版），2012，12（4）：8-14.

[72] 王永中，李曦晨 . 中国对一带一路沿线国家投资风险评估 [J]. 开放导报，2015（4）：30-34.

[73] 徐海俊，丁卫国 . 跨国公司在华投资战略趋势与我国的对策 [J]. 经济纵横，2006（1）：10-12.

[74] 王永中，宋爽，李曦晨 . "一带一路"沿线国家投资风险分析

及政策建议 [J]. 中国财政，2017（16）：5-7.

[75] 欧阳碧媛，张建中 . 中国—东盟区域经济合作关系研究 [J]. 东南亚纵横，2016（6）：84-90.

[76] 朱文婧 . 中国对东盟直接投资对我国产业结构的影响 [D]. 西北大学，2010.

[77] 贺书锋，郭羽诞 . 中国对外直接投资区位分析：政治因素重要吗 ?[J]. 上海经济研究，2009（3）：3-10.

[78] 陈秀瑛，古浩 . 灰色线性回归模型在港口吞吐量预测中的应用 [J]. 水运工程，2010（5）：89-92.

[79] 李炳军，李秋芳，卢秀霞 . 灰色线性回归组合模型在河南省粮食产量预测中的应用 [J]. 河南农业科学，2009（10）：44-47.

[80] 孙宗亮 . 基于灰色理论的贸易引力模型的理论和实证分析 [D]. 重庆大学，2009.

[81] 邓聚龙 . 灰色预测与灰色决策（修订版）[M]. 武汉：华中科技大学出版社，2002：45-114.

[82] 刘吉定，罗进，严国义 . 概率论与数理统计及其应用（第四版）[M]. 北京：科学出版社，2017.

[83] 付玉成 . 菲律宾工程承包市场的政治风险 [J]. 国际经济合作，2013（5）：59-60.

[84] 付玉成 . 国际工程承包的国家风险与管理 [J]. 国际经济合作，2012（7）：76-79.

[85] 张克成 . 东盟对中国的地缘战略意义分析 [J]. 改革与开放，2010（14）：1-2.

[86] 马颖，张园园，宋文广 . 食品行业突发事件风险感知的传染病模型研究 [J]. 科研管理，2013，34（9）：123-130.

[87] 刘艳，黄翔 . "一带一路" 建设中国家风险的防控——基于国际法的视角 [J]. 国际经济合作，2015（8）：26-31.

[88] 张园园 . 食品安全事件网络舆情的演变机理研究 [D]. 武汉理工大学，2013.

[89] 王志民 . 论 "走出去" 战略与制度创新 [D]. 福建师范大学，

2003.

[90] 张琪 . 论商业银行会计内控风险防范与对策 [J]. 企业导报，2014（12）：126-127.

[91] 王巧 . 具有寄生虫感染的食饵—捕食者模型的研究 [D]. 兰州理工大学，2014.

[92] 杨丽梅 . 对外投资的风险和风险管理 [J]. 经济师，2006（3）：39-40.

[93] 李林林 . 关于国家风险与主权信用评级的研究 [D]. 中国社会科学院研究生院，2013.

[94] 龚坚 . 供应链金融的银行信用风险 [D]. 西南财经大学，2011.

[95] 马静 . 中国对东盟直接投资研究 [D]. 东北财经大学，2012.

[96] 雷著宁，孔志坚 . 中国企业投资缅甸的风险分析与防范 [J]. 亚非纵横，2014（4）：89-96+128+133.

[97] 郑小玲 . 论海外投资国家风险的防范 [J]. 安徽大学学报，2001（2）：6-11.

[98] 屈广清，孙强 . 防范海外投资国有资产流失的法律对策 [J]. 辽宁师范大学学报，2006（6）：18-20.

[99] 苏明政，张庆君 . 关联性视阈下我国金融行业间系统性风险传染效应研究 [J]. 会计与经济研究，2015（6）：111-124.

[100] 王辉，李硕 . 基于内部视角的中国房地产业与银行业系统性风险传染测度研究 [J]. 国际金融研究，2015，399（9）：76-85.

[101] 王博，齐炎龙 . 宏观金融风险测度：方法、争论与前沿进展 [J]. 经济学动态，2015（4）：149-158.

[102] 王明亮，何建敏，李守伟，et al. 基于拆借偏好的银行系统性风险测度研究 [J]. 中国管理科学，2013（s1）：237-243.

[103] 人民日报海外网 . 海关总署：东盟成我国第一大贸易伙伴 一季度对美国进出口下降 18.3%[EB/0L].（2020-04-14）[2020-05-28]. http：//news.haiwainet.cn/n/2020/0414/c3541083-31766779.html.

[104] 赵卫华 . 越南会全面拥抱西方吗？ [EB/OL].（2020-06-03）[2020-06-04].http：//www.gjjmxh.com/gjjmxh/Article/ShowArticle.

asp?ArticleID=4193.

[105] 网易 . 越南国会高票通过：取消公务员终身制，如犯错退休仍要承担责任 [EB/OL].（2019–11–29）[2020–05–28].https：//3g.163.com/sports/article/EUSB7OAP0545AGT1.html?from=history–back–list.

[106] 新华网 . 习近平：提高防控能力着力防范化解重大风险 保持经济持续健康发展社会大局稳定 [EB/OL].（2019–01–21）[2020–05–18].http：//www.xinhuanet.com/politics/leaders/2019–01/21/c_1124021712.htm.

[107] 人民网国际 . 一带一路，朋友和共识越来越多（一带一路·智库观察）[EB/OL].（2017–07–05）[2020–05–20].https：//www.sohu.com/a/154541920_630337.

[108] 人民网 . 关于十九大报告，你必须知道的"关键词" [EB/OL].（2017–10–18）[2020–05–22].http：//cpc.people.com.cn/19th/n1/2017/1018/c414305–29595155.html?from=singlemessage.

[109] 环球网 . 党的十九届四中全会《决定》（全文）[EB/OL].（2019–11–05）[2020–05–29].https：//china.huanqiu.com/article/9CaKrnKnC4J.

[110] 人民网 . 习近平就防范化解重大风险提要求：既要有先手，也要有高招 [EB/OL]（2019–01–22）[2020–05–30].http：//theory.people.com.cn/n1/2019/0122/c40531–30584911.html?tdsourcetag=s_pcqq_aiomsg.

[111] 常青青 . "一带一路"背景下中国对外投资的国家风险研究 [J]. 农村经济与科技，2020，31（4）：106–108.

[112] 李冰 . 中国对外直接投资国家风险实证研究——基于"一带一路"国家风险数据 [J]. 现代商业，2016（11）：97–98.

[113] 王克修 . 有效防范各类风险连锁联动 [N]. 新华日报，2019–01–29（011）.

[114] 胡欣 . "一带一路"战略下中国国有企业海外投资的风险与保护之策 [J]. 对外经贸实务，2019（9）：25–28.

[115] 朱兰亭，杨蓉 . 东道国国家风险对中国在"一带一路"沿线国家直接投资的影响研究 [J]. 投资研究，2019，38（6）：36–46.

[116] 太平，李姣．中国企业对东盟国家直接投资风险评估 [J].国际商务（对外经济贸易大学学报），2018（1）：111-123.

[117] 王凡一．"一带一路"战略下中国企业对外投资的前景与风险防范 [J].经济纵横，2016（7）：33-36.

[118] 苏跃辉．中国对外投资的风险评估与策略应对——基于"一带一路"背景 [J].河南社会科学，2017，25（12）：14-18+28.

[119] 姚良．商业银行金融产品创新的风险传染与免疫研究 [D].武汉理工大学，2010.

[120] 游鸽，郭昊，刘向．复杂网络视角下的金融市场结构演化与风险传染 [J].金融发展研究，2020（1）：30-39.

[121] 蒋佳玉．复杂网络下全球股票市场风险传染研究述评 [J].合作经济与科技，2020（3）：56-57.

[122] 张希，朱利，刘路辉，詹杭龙，卢艳民．基于多层网络的银行间市场信用拆借智能风险传染机理 [J].计算机应用，2019，39（5）：1507-1511.

[123] 朱兴龙．中国对外直接投资的风险及其防范制度研究 [D].武汉大学，2016.

[124] 徐凯，周宗放，钱茜．考虑潜伏期的关联信用风险传染机理研究 [J].运筹与管理，2020，29（3）：190-197+208.

[125] 苏捷．地方政府融资平台互助担保融资风险传染模型应用研究——基于 SIRS 传染病模型的视角 [J].商业会计，2019（18）：54-57.

[126] 钱茜，周宗放，徐凯．风险信息传播对关联信用风险传染影响的研究 [J].系统工程，2018，36（8）：18-26.

[127] 马知恩．传染病动力学的数学建模与研究 [M].科学出版社，2004.

[128] 胡志浩，李晓花．复杂金融网络中的风险传染与救助策略——基于中国金融无标度网络上的 SIRS 模型 [J].财贸经济，2017，38（4）：101-114.

[129] 王睿，夏敏，王爱银，祝四朋．基于复杂网络理论的商业银

行系统风险传染研究 [J]. 金融与经济，2020（5）：27–36.

[130] 叶五一，董筱雯，缪柏其 .c–D–Copula 模型构建及其在金融风险传染中的应用 [J]. 系统科学与数学，2018，38（5）：553–568.

[131] 徐攀，于雪 . 中小企业集群互助担保融资风险传染模型应用研究 [J]. 会计研究，2018（1）：82–88.

[132] 方先明，陈楚 . 业务关联视角下的影子银行交叉传染风险——基于 TGC 模型的度量 [J]. 经济问题，2017（12）：28–37.

[133] 李兰娟，任红 . 传染病学（第9版）[M]. 北京：人民卫生出版社，2018.

[134] 唐辛欣，罗帆 . 基于 SEIRS 模型的机场飞行区人为风险传染过程研究 [J]. 工业工程，2016，19（6）：56–63.

[135] 周舟 . 多策略应对境外投资风险 [N]. 中国社会科学报，2016–09–30（6）.

[136] 樊增强 . 中国企业对外直接投资：现状、问题与战略选择 [J]. 中国流通经济，2015，29（8）：106–113.

[137] 钱东平 . 新冠肺炎疫情加剧了国际金融风险传染吗？ [J]. 当代金融研究，2020（5）：22–31.

[138] 刘程程，苏治，宋鹏 . 全球股票市场间风险传染的测度、监管及预警 [J]. 金融研究，2020（11）：94–112.

[139] 王艳 . 中国企业银行业系统性风险网络传染研究 [J]. 经济问题，2020（12）：29–36.

[140] 左正龙 . 冲击条件下系统性金融风险传染的理论分析——基于新冠肺炎疫情视角 [J]. 中国物价，2020（11）：59–62.

[141] 姜闪闪，范宏 . 双渠道风险传染下银行系统稳定性分析 [J]. 中国管理科学，2020，28（11）：51–60.

[142] 杨子晖 . 金融市场与宏观经济的风险传染关系——基于混合频率的实证研究 [J]. 中国社会科学，2020（12）：160–180+204.

[143] 刘猛超 . 基于风险传导的企业内部控制研究 [J]. 财会通讯，2014（31）：15–17.

[144] 范宏，陈乃熙 . 基于溢出效应的多级风险传染机理及实证研

究 [J/OL]. 中国管理科学：1–16[2021–03–07].

[145] 林俊山 . 同业金融网络视角下的银行系统风险研究 [J]. 金融发展研究，2020（12）：26–34.

[146] 刘精山 . 新冠肺炎疫情冲击背景下金融风险的传导与防范研究——基于金融压力视角的实证分析 [J]. 华北金融，2021（1）：1–16.

[147] 李立达 . 网络视角下金融机构风险传染效应的动态演化 [J]. 华北金融，2021（1）：17–27.

[148] 陈庭强，杨青浩，孙昕妍 . 基于信用关联超网络的银企交易对手信用风险传染机制分析 [J]. 财会月刊，2021（4）：118–125.

[149] 吴汪洋 . 基于复杂网络与 SIRS 模型的金融危机传染研究 [D]. 湖南大学，2018.

[150] 孙南申 . "一带一路"背景下对外投资风险规避的保障机制 [J]. 东方法学，2018（1）：22–29.

[151] 栾昕 . 金融风险传染效应影响机制研究评述 [J]. 现代商贸工业，2021，42（8）：122–123.

后　记

　　北部湾大学位于西部陆海新通道重要枢纽城市、北部湾经济区滨海城市——钦州市，作为广西壮族自治区人民政府和国家海洋局共建的大学，是一所海洋性鲜明的、多学科协调发展的综合性大学，是全国应用技术大学（学院）联盟首批理事高校、广西新建本科院校整体转型发展试点院校、教育部学校规划建设发展中心"产教融合创新实验项目"基地院校、国家"十三五"规划建设的"应用型本科高校"项目单位。学校立足北部湾、面向南海和东盟、服务国家战略和区域经济发展，坚持产教融合，以产学研战略联盟为平台，以实践能力和创新能力、就业创业能力培养为核心，与行业企业协同育人、协同创新形成了特色鲜明的办学模式和应用型人才培养模式。近年来，学校人文社科教师围绕东盟研究、国际经济、国际物流、海洋经济、东盟海事法律等领域开展了广泛研究，形成了自身的研究特色和一定的学术影响力，取得了一批有价值的研究成果。

　　学校地处广西沿海，面向东盟，是目前广西壮族自治区沿海地区唯一的一所公立本科高等院校，对东盟研究责无旁贷。本书是教育部规划课题"我国对南海四国投资的国家风险传染机理研究"（17XJAGJW002）的研究成果。本书写作提纲、目录由朱念、傅远佳共同拟定，初稿由朱念执笔撰写，研究生张紫璇、胡俊、杨昊楠、赖超容、谷玉参与了初稿的校对和参考文献的编制，并协助对部分数据、图片进行整理。胡俊基于本书基础材料，完成了其硕士论文。

　　在本书付梓之际，第一，感谢教育部社科司对于本研究的立项，使之成为研究的可能。没有教育部社科司的立项，没有相应的经费支持，本书难以完成。对于教育部社科司对本研究的立项，我们衷心感谢。

第二，感谢广西壮族自治区教育厅科研处和广西壮族自治区哲学社会科学工作办公室对于青年教师的培养。中青年项目以及广西哲社课题的立项，为青年教师科研项目入门和积累研究成果打下了基础。

第三，感谢在调研和撰写过程中给予大力支持的诸多单位、领导和专家。这些单位和个人，或引导考察现场，或提供具体数据，或为书稿的修改提出宝贵意见。在此，谨向各位致以诚挚的感谢！

第四，本书的出版得到了北部湾大学的高度重视，给予了笔者充分的肯定和极大的鼓励。还有，必须感谢广西高校人文社会科学重点研究地"北部湾海洋发展研究中心"，中心领导与成员为本书的立项研究和出版给予鼎力的帮助和支持，并对研究纲目制定和书稿修改提出了许多宝贵的意见。

特别要鸣谢的是李燕教授、李伊高级经济师，他们在百忙之中抽时间详细审阅全书，提出许多具体的修改意见和建议，对本书的修改完善起到极大的促进作用。此外，北部湾大学国际商务专业胡俊、张紫璇和杨昊楠三位研究生，其在读研期间，深度参与课题研究，完成了安排的研究任务，为本书的完成奠定了基础。

同时，本书得到了中国商务出版社领导及编辑们的热心帮助和鼎力支持，在此谨致以崇高的敬意！

此外，还得感谢家人的包容和支持。他们在生活上给予我无微不至的关照，承担了所有家务，使我能集中精力投入项目研究之中，使得此书能够顺利撰写完成。

最后，需要说明的是，本书借鉴了不少专家学者相关的研究成果及图片资料，在此一并表示衷心的谢忱！

囿于研究资料收集不全，数据有限，加上笔者学识水平有限，书中难免存在不足和疏漏，甚至谬误之处，敬请专家以及读者批评指正！

朱念

2021 年 10 月 1 日